"十四五"职业教育国家规划教材

| 职业教育电子商务专业 系列教材 |

移动电子商务

（第3版）

主　编／容湘萍　肖学华

副主编／陈昕忻　廖卓萍

参　编／（排名不分先后）

　　　　林冰钿　黄小燕　杨　钰

重庆大学出版社

内容提要

本书内容围绕移动电商平台创业过程来展开,以学生为主体,以项目为驱动,让学生亲身体验电子商务实务,实现从做中学。本书以课程思政理念为统领进行梳理和重塑,所有项目案例均来自创业实战和乡村振兴实践,思政元素自然融入,思政素养目标清晰。教材分为两个递进式的内容板块:前5个项目是基于一个共同的案例背景——智渊网络超市来展开,手把手教学生学会微商城的店铺搭建、装修、商品上架、营销推广、促成交易等;项目6—8分别挑选了最热门的服饰产品、化妆品、生鲜类产品,重点介绍这些商品在微店平台上的店铺装修和营销推广等技巧。

本书可作为职业院校电子商务专业及其他商贸类专业教学用书,也可作为相关行业从业人员参考用书。

图书在版编目(CIP)数据

移动电子商务 / 容湘萍,肖学华主编. --3 版. --
重庆:重庆大学出版社,2022.1(2025.7 重印)
职业教育电子商务专业系列教材
ISBN 978-7-5624-9595-6

Ⅰ.①移… Ⅱ.①容… ②肖… Ⅲ.①移动电子商务
—职业教育—教材 Ⅳ.①F713.36

中国版本图书馆 CIP 数据核字(2022)第 021072 号

职业教育电子商务专业系列教材
移动电子商务(第 3 版)
YIDONG DIANZI SHANGWU
主 编 容湘萍 肖学华
副主编 陈昕忻 廖卓萍
策划编辑:王海琼
责任编辑:王海琼 版式设计:王海琼
责任校对:谢 芳 责任印制:赵 晟
*
重庆大学出版社出版发行
社址:重庆市沙坪坝区大学城西路 21 号
邮编:401331
电话:(023)88617190 88617185(中小学)
传真:(023)88617186 88617166
网址:http://www.cqup.com.cn
邮箱:fxk@cqup.com.cn(营销中心)
全国新华书店经销
重庆升光电力印务有限公司印刷
*
开本:787mm×1092mm 1/16 印张:14 字数:349 千
2016 年 8 月第 1 版 2022 年 1 月第 3 版 2025 年 7 月第 3 次印刷(总第 13 次印刷)
印数:45 001—49 000
ISBN 978-7-5624-9595-6 定价:49.00元

编写人员名单

主　编　容湘萍　惠州城市职业学院

　　　　肖学华　中山市现代职业技术学校

副主编　陈昕忻　东莞市经济贸易学校

　　　　廖卓萍　中山市沙溪理工学校

参　编　林冰钿　汕头市澄海职业技术学校

　　　　黄小燕　广州市财经商贸职业学校

　　　　杨　钰　广州市城市建设职业学校

为了助力教育教学改革，发挥课程的育人作用，培育优质电商人才，本书以课程思政理念为统领，对内容进行了梳理和修订，书中的素材均来自电商创业实践和乡村振兴精准扶贫实践案例，思政和素养目标自然融入。本书充分挖掘课程思政资源，并将此引领贯穿于教材的各个项目，潜移默化地培养学生的社会责任感、团队协作意识和奉献服务精神等。

为了适应行业需求，本书依托的移动电商平台每日推陈出新。因此本书进行了及时的修订和更新，针对教材中的复杂操作流程和抽象的理论知识，均制作了二维码拓展视频资源，帮助读者进行学习和理解。同时，书中所有项目都根据最新的平台界面和最新的操作流程进行了图片和内容的更新，对一些陈旧知识点进行了删除，与时俱进地增加了不少热门功能模块。

传统的移动电商书以讲解移动电子商务的支持技术、安全策略等 IT 技术为主，内容偏重理论，不适合职业院校学生学习和理解。本书从实际应用出发，重点介绍流行的移动电商创业平台的使用方法，目的是向读者展示在这些平台上开店和营销的整个过程，包括店铺创建、装修、推广、交易、配送等，并在项目中融入实用的营销技巧。在章节和内容的安排上，本书共分为 8 个项目。通过对目前流行的微商平台进行分析比较，我们寻找到了创业门槛低、功能较为丰富的微商城和微店平台进行重点讲解。因此，项目 1—5 以智渊职业技术学院的微商创业团队的实际运营项目为依托，将微商城开店及经营的全过程进行了详细讲解。项目 6 至 8 是本书的进阶篇，挑选了目前移动电子商务中最热门的服装、化妆品、生鲜三类产品，讲解这三类产品在微营销中的实战技巧。同时，为了让读者了解更多微营销平台的使用方法，本书重点讲解了有赞微商城平台和微店平台，项目 1—4 以有赞平台为例进行实践操作，项目 5—8 以微店平台为例进行实践操作。书中所有的项目案例均来自校企合作的真实案例。本书的编写得到了众多企业专家的支持，特别感谢东莞市好多货电子商务有限公司李福平和中山市买它网络科技有限公司许刚给予的指导。

本书的每一个项目都是一个完整的工作项目，每个项目又分为几个相互关联的任务活动。采用知识模块化、操作任务化的模式，学生在完成具体任务的同时，既掌握了相应的知识点，又体验了移动电商最基础的工作过程。课前有情境式的项目背景讲解，包括"项目综述""项目目标"和"项目任务"。项目下的子任务，也设有"情境设计"和"任务分解"等板块。具体到每个活动，又分为"活动背景""知识窗""活动实施"和"活动评价"。在每个活动的实施上，尽量让读者动手操作。理论知识以够用为主，根据需要，相关任务设有知识链接来拓展相应知识点的讲解。为了巩固学习成果，每个项目有"项目总结"和"项目检测"，每个任务均设有"合作实训"，强调学生共同参与，培养团队职业素养。

本教材项目 1、项目 3 由容湘萍编写并修订；项目 2 由陈昕忻编写并修订；项目 4 由陈昕忻修订；项目 5 由林冰钿修订；项目 6 由廖卓萍编写并修订；项目 7 由杨钰编写、黄小燕修订；项目 8 由肖学华编写、廖卓萍修订，整本教材由容湘萍统稿并定稿。自教材第一版以来，参与编写和修订的老师还有吴传德、邬建彬、李萌、陈晓冰、闫红帆,本教材得到了中山市买它网络科技有限公司、东莞市好多货电子商务有限公司和重庆大学出版社的大力支持,在此一并致以衷心的感谢!

本教材提供教学资源包,包括拓展二维码资源、PPT、电子教案、习题答案、试卷供教师教学参考,需要者可登录重庆大学出版社的资源网站(www.cqup.com.cn)下载。

限于作者编定水平,教材中错误在所难免,恳请读者不吝指教。

邮箱:78568889@ qq.com

编 者

2021 年 12 月

2015 年政府工作报告首提"互联网+"行动计划,"推动移动互联网、云计算、大数据、物联网等与现代制造业结合,促进电子商务、工业互联网和互联网金融健康发展,引导互联网企业拓展国际市场。"随着 PC 互联网时代升级到移动互联网时代,智能手机为代表的移动端以超乎想象的速度走进了人们的生活,改变着人们的网购消费习惯。人们不再局限于在计算机上进行操作和购物,而是可以随时随地地上网、购物和消费,不受时空的限制。为了响应国家政府工作报告中的"互联网+"行动计划,着力推动大众创业,万众创新,作为创业起步的商家,我们也要顺应这种变化,了解并研究这种模式的经营策略。

目前,很多职业院校都在试水这种新的移动电子商务模式,有些学校作为校企合作在实践,有些学校鼓励学生尝试使用新的平台进行创业。而传统的移动电子商务教材,以讲解移动电子商务的支持技术、安全策略、平台构建和智能终端等 IT 技术为主,内容晦涩难懂,不适合职业院校学生的学习和理解。正是基于这些考虑,本书从实际应用出发,重点介绍流行的移动电子商务创业平台的使用方法,目的是向读者展示在这些平台上开店和营销的整个过程,包括店铺创建、装修、推广、交易、配送等,并在实际项目中融入具体实用的营销技巧讲解。

在章节和内容的安排上,本书共分为 7 个项目。通过对目前流行的微商平台进行分析比较,我们寻找到了创业门槛低,功能最为丰富,又代表着未来发展趋势的微商城平台进行重点讲解。因此,项目 1 至项目 5,以智渊职业技术学院的微商创业团队的实际运营项目为背景,依托微商城平台,对微商城开店及经营的全过程进行详细的讲解。项目 6 至项目 7 是本书的进阶篇,挑选了目前移动电子商务中最热门的两类产品,讲解这两类产品在微营销中的实战技巧。另外,附录部分还增加了一个生鲜类食品案例,该案例呈现了项目从论证到具体实施的全过程。同时,为了让读者了解更多微营销平台的使用方法,每个综合项目使用平台也有所不同。项目 6 重点介绍服饰类产品在微商城平台上的销售技巧;项目 7 重点介绍化妆品在微店平台上的营销技巧;附录部分重点介绍生鲜类产品在微信小店上的销售技巧。书中所有的项目案例均来自校企合作的实际案例。本书在编写过程中也得到了众多企业专家的支持,特别感谢中山多果电子商务公司许刚和清远市龙塘镇君倩数码公司陈军清的指导。

本书的每一章都是一个完整的工作项目,每个项目又分为几个相互关联的任务活动;采用知识模块化、操作任务化的模式,使学生通过完成具体任务,既掌握了相应的知识点,又体验了移动电子商务最基础的工作过程。课前有情境式的项目背景讲解,包括"项目综述""项目目标"和"项目任务"。项目下的子任务,也有任务"情境设计"和任务"活动分解"。具体到每个活动,又分为"活动背景""知识链接""活动实施"和"活动评价"。在每个活动的实施上,尽量让读者动手操作。理论知识以够用为主,根据需要,每个任务都设有知识链接来拓展相关知识点。 为了巩固学习成果，每个项目有"项目检测"，每个任务均设有合作实训，强调学生共同参与，培养团队职业素养。

本书项目 1、项目 3 由容湘萍编写，项目 2 由陈昕忻编写，项目 4 由邬建彬编写，项目 5 由陈昕忻和何义勇共同编写，项目 6 由廖卓萍编写，项目 7 由杨钰编写，附录由肖学华编写，参加编写的成员还有许刚、叶敏，整本书由容湘萍统稿并定稿。 本书由刘春青担任主审，同时还得到中山多果电子商务公司、清远市龙塘镇君倩数码公司和重庆大学出版社的大力支持，在此一并致以衷心的感谢！

本书配有电子课件和试卷供教师教学参考，需要者可到重庆大学出版社的资源网站（www.cqup.com.cn）下载。

限于作者编写水平，书中错误和不妥之处在所难免，恳请读者不吝指教。

编 者
2015 年 11 月

目录

||||| 项目 8　食品生鲜类微店综合案例

||||| 参考文献

项目 1
体验微商城

【项目综述】

　　为了紧跟电商行业的发展新动态,智渊职业技术学院电子商务专业决定组建运营团队,开设针对校内消费的 O2O 网络超市。晓欣、圆圆、小威、桔子等几名同学,非常幸运地结成智渊网络超市运营团队。他们经过紧张的筹备,从学校争取到了一间 20 平方米的工作室,整理好办公电脑、摄影器材等设备后,便着手开展微商活动。这个团队还得到了响当当电子商务公司微营总监许鸣的全程指导。现在从事微信业务的企业很多,如 Micronet 微信商城①、微店、小程序等,而最近兴起的微商城,基于微信的传播速度及其简便等优点,为商家提供了一个平台,在这个平台里可以更方便地进行电子商务。圆圆说:"我前不久看到一个叫'有赞'的微商城,看上去功能挺强大的。"许总监说:"你说得没错,'有赞'是一个强大的微店铺系统,它为商家提供了完整的微电商解决方案。使用'有赞',可以快速、低成本地搭建一个微商城。"学校的网络超市就选择"有赞"商城这个平台吧!

【项目目标】

通过本项目的学习,应达到的具体目标如下:

知识目标

　　◇了解常见的移动电商平台;

　　◇了解适合微营销的常见商品;

　　◇知道密码和用户昵称的设置方法;

　　◇了解成功的微信商城店铺的特点和优势。

能力目标

　　◇能完成"有赞"商城的注册;

　　◇能完成微信公众号的注册;

---

　　① 微信商城(又称微商城)是在腾讯微信公众平台上推出的一款基于移动互联网的商城应用服务产品。它是微信第三方平台基于微信而研发的一款社会化电子商务系统,同时又是一款传统互联网、移动互联网、微信商城、易信商城、App 商城五网一体化的企业购物系统。

◇会在商城中绑定微信公众号；

◇对微商创业有初步的理解和认识。

素质目标

◇提高网络安全意识；

◇增强保密意识，防止个人信息外泄；

◇提高审美意识。

【项目思维导图】

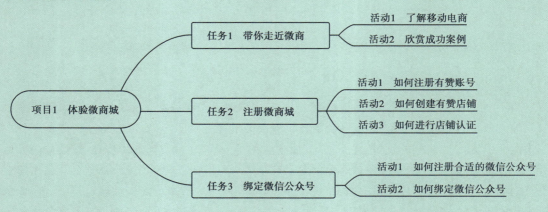

任务 1 ≫≫≫≫≫
带你走近微商

情境设计

"兵马未动，粮草先行"，做任何事情，准备阶段都非常重要，它决定了起步是否平稳，对团队创业信心的建立也很关键。如今，低门槛的移动电商创业平台吸引了大量的卖家自主开店创业，有些能很好地经营，赚到人生第一桶金；有些则因为准备不足，渐渐丧失斗志，黯然离场。准备工作在创业初期发挥着重大作用。晓欣、桔子等几位同学要做哪些准备工作呢？首先要了解移动电商的发展状况和这个领域的特点，同时也要见识一下什么才算是优秀的微商。有了大量的成功参考案例，取百家之所长，才能开展好自己的团队创业。

任务分解

本次任务分为两个任务活动：①了解移动电商；②欣赏案例，积累经验。

活动 1　了解移动电商

活动背景

　　爱思考的桔子在搜集资料时发现与移动电商相关联的事物太多了,移动互联网、微商、微信、微营销……这么多新名词,它们之间到底有什么联系呢? 带着疑问询问许总监,他笑着回答:"先别急,我们来慢慢寻找答案。"在许总监的指引下,晓欣和团队成员开始搜索相关的信息资源,初步了解移动电商和微商。

📖 知识窗

　　1.移动互联网发展趋势

　　手机具有随身、随时、拥有社交属性和可以提供用户位置的特点,因此它逐渐从以前单一的通信工具演变成支付、游戏、O2O 等高附加值业务的用户入口。同时,手机具有庞大的用户群,为其他服务提供了巨大的潜在商业价值。如图 1.1.1 所示,移动互联网已深入人们的工作和生活。

图 1.1.1　移动互联网上的生活

　　根据中国互联网络信息中心(CNNIC)最新统计,我国网民规模高达 10.11 亿,互联网普及率为 71.6%,社会民生各方面深受网络影响。移动商务类应用发展迅速,互联网应用正向提升体验、贴近经济方向靠拢。我国手机网民规模达 10.07 亿,网民中使用手机上网的人群占比提升至 99.6%。当前,以数字化转型驱动生产方式、生活方式和治理方式变革,成为引领中国未来经济发展的重要方向。由于移动端即时、便捷的特性更好地契合了网民的消费需求,伴随着手机网民的快速增长,数字消费逐渐成为大众不可或缺的生活要素,对满足人民美好生活需要产生重要影响。图 1.1.2 展示的是顾客使用手机扫码购物的场景。

　　2.什么是微商

　　目前,对"微商"这一概念还没有统一的定义,一般指的是在移动终端平台上借助移动互联技术进行的商业活动。简单地说,就是指通过手机开店来完成网络购物的模式,同时,微商也不是"微信电商",微信电商仅仅是微商的一个组成部分。

　　相对传统电商,微商的投入少、门槛低、传播范围广,近两年来发展非常迅速。据统计,发展 1 000 万个卖家,淘宝用了近 10 年的时间,而微商仅用了 1 年。

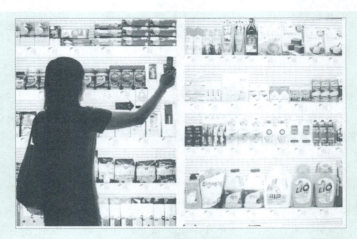

图 1.1.2　移动互联网改变着人们的购物习惯

活动实施

（1）了解移动电子商务与传统电子商务的区别，见表 1.1.1。

表 1.1.1　移动电子商务与传统电子商务的对比

对比角度	传统电子商务	移动电子商务
含义	依靠网络宣传，利用计算机网络技术进行商品贸易。	移动信息服务和电子商务融合的产物。
网络基础	网络相对固定，以家庭和办公网络为主。	随时随地，不受时空的限制。
使用规模	用户规模大。	手机等移动终端使用率已超越个人计算机。
信誉认证	主要依靠用户自主填写的资料认证，消费信誉成为最大的问题。	移动电商中手机号码会提供更准确的身份识别，提高信誉。
现实意义	虚拟网络，缺少现实基础，容易滋生网络泡沫。	具有现实基础，依托原有移动运营商搭建的移动数据业务发展产业价值链。

　　当然，基于固定网络的传统电子商务与移动电子商务拥有不同特征，移动电子商务不可能完全替代传统电子商务，两者是相辅相成的。

　　（2）了解移动电商与微商。微商是移动电子商务发展的必然产物。微商可以理解为"互联网+直销"模式，打破了传统以线下线上渠道为销售通路的模式，把消费者变成销售者，同时利用社交媒体和互联网平台进行快速传播和组织管理。

　　微商是移动社交电商最主流的形态，微商中的消费者关系是朋友与朋友的关系，相比传统商业的买卖交易关系更具有情感和信任，这种以人为销售通路的模式更容易产生社交型消费。

　　（3）搜集目前流行的微商平台并进行分析。从模式上来说，微商主要分为两种：基于微信公众号的微商成为 B2C 微商，基于朋友圈开店的微商成为 C2C 微商。目前，市面上的微商平台种类较多，这里我们搜集几种比较流行的平台进行对比分析，见表 1.1.2。

表 1.1.2 常见微商平台的对比分析表

	微 店	小程序(以"微信小程序"为例)	微商城 (以"有赞"商城为例)
开发 公司	深圳市云商微店网络技术有限公司。	由微信开发运营。	杭州起码科技有限公司。
开店 门槛	零门槛。	①小程序本身是微信提供的一个平台,个人和企业都可以使用和注册; ②腾讯将对需要发布的小程序进行发布审核。	分别有针对个人的订阅号和针对企业的服务号,个人和企业均可开店。
是否 免费	微店完全免费,所有交易不收取任何手续费。	①小程序本质就是一个应用,所以是可以免费使用的,但是同应用一样,有的小程序中的功能是需要付费的; ②个人小程序不可以认证,企业认证需要支付 300 元/次的审核服务费。	如果微信认证,则支付 300 元的认证费。"有赞"商城收取年费。目前也有不少其他免费微商城。
运营 模式	云销售模式,供应商把产品发到微店网,由无数的网民开设微店帮他销售。供应商获得订单,微店主获得交易佣金。	小程序是一种新的开放能力,开发者可以快速地开发一个小程序。小程序可以在微信内被便捷地获取和传播,同时具有出色的使用体验。	"有赞"提供的是底层整套的店铺系统,通过把微信(微博)账号绑定到"有赞"店铺上,微信(微博)则成为店铺面向粉丝的重要窗口。
支付 方式	支持信用卡、储蓄卡、支付宝,且无须开通网银,安全又方便。	微信支付、云闪付。	微信支付、银行卡支付、支付宝支付、E 卡支付等。
主要 功能	商品管理、微信收款、订单管理、客户管理、促销管理。	面向个人开发者开放的服务类项目有快递业、教育、出行与交通、生活服务、餐饮、旅游等。	商品管理、订单管理,具有交易系统、会员系统、营销系统等,店铺页面管理系统有极高的自由度去定制商城。
推广 方式	通过转发链接、二维码的方式分享到朋友圈;不能绑定微信公众号。	通过系统后台生成二维码或名片推荐等方式,供微信用户添加。	通过转发链接、二维码的方式分享到朋友圈;通过微信公众号传播。
消费者 保障	新开通了消费者保障计划,可进行担保交易和 7 天退货。	可以在微信公众平台上查看客户的维权信息并进行处理。	为消费者提供消费保障。

续表

微　店	小程序(以"微信小程序"为例)	微商城 (以"有赞"商城为例)
平台界面	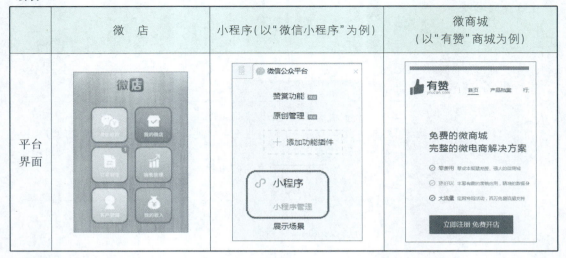	

分析总结

　　微商平台发展至今,各个平台都在不断地完善自己的功能和服务。微店是微商中较早出现和发展的平台,目前使用的人数也是最多的。目前,微店开通了微店直通车(需要收取相关费用),供商家报名参加一些营销活动。但微店作为第三方App,主要的推广方式只能局限于朋友圈分享,粉丝的黏度较差,同时注册认证门槛低,对商家信誉的监控也较差。微店整体操作简单方便,且支持在手机上直接操作,本书也会通过几个综合案例来学习微店平台的使用。

　　微信小程序是一种不需要下载安装即可使用的应用程序,它实现了应用"触手可及"的梦想,用户只用"扫一扫"或"搜一下"即可打开应用程序,它可以在微信内被便捷地获取和传播,同时具有出色的使用体验。微信小程序的主体类型可以是个人(即18岁以上有国内身份信息的微信实名用户),也可以是企业(个体工商户)、政府、媒体、其他组织等。主体账号必须要验证,其中企业类型账号可通过公司的对公账号向腾讯公司打款来验证主体身份,或通过微信认证验证主体身份;政府、媒体、其他组织类型账号,必须通过微信认证来验证主体身份。微信为小程序提供客服消息能力,以便用户可以快捷地与小程序客服进行沟通。

　　微商城作为第三方平台,既需要微信的公众号,又提供了丰富的商城管理和营销工具,并能使用这些应用和粉丝互动,开展营销活动。微商城结合了店铺和微信公众号两者的优点,可以预见是未来微商的发展趋势。目前微商城的平台很多,比较出名的是微盟、新商云、有赞等。综合考虑创业的门槛和学生团队实践的可操作性,我们选择功能完善的有赞商城作为微商城的代表来学习。

　　(4)搜集适合开展微商的产品及特点。不同的产品适合采用不同的销售方式,微商也有其适用范围。产品是否适合微商要从产品的性质、目标市场、交易方式等多种因素考虑。目前,微商销售比较火爆的产品主要有以下几种,见表1.1.3。

表 1.1.3　适合微商的产品

序号	产　品	产品图	备　注
1	化妆品		经营需要一些必需的资质和营业执照,产品质量要过关,值得信赖。
2	普通食品类		一些有特色的农产品、特产,产品要保证质量和口碑。
3	生鲜、水果、鲜花类		对保鲜、配送方式、配送时间等要求较高。一般定位中高端消费人群,定期进行配送。
4	海淘代购类		有相当一部分的消费需求。
5	手艺人等特殊技能类		将自己独特的手工艺产品展示出来,通过一些生动的文案,赋予了这些独特产品以情感,进行分享和销售。
6	餐饮美食类		依靠本地生活圈进行服务,主要方式是以微信公众号进行粉丝积累和客户互动,通过微信公众号下单,然后进行配送。
7	服饰类		服装、鞋包等日常消费品,也是女性购物欲望最为强烈的产品之一。

活动评价

在本活动中,晓欣和团队成员通过搜集信息资源,对中国目前的移动电商发展状况有了初步了解:微商作为移动电商的主流形式,已经成为电子商务发展的一大趋势。因此,团队成员对即将开展的工作充满了信心。

活动2　欣赏成功案例

活动背景

成功的微商创业团队,到底需要哪些基本素质和要求呢? 带着这个思考,团队成员开始搜集媒体报道的各种成功案例,希望从成功的商家那里获得一些启示。

活动实施

（1）阅读店主故事。

①"水果哥"的创业故事。

许熠是某大学的一名学生,在过去的3个月里,他和他的微信水果店"优鲜果妮"在学校火了一把。许熠所在学校共有学生1.7万名,其中女生有6 000多名。许熠发现,女生几乎每天都要吃水果,如果按每个女生一个月50元消费来估算,微信卖水果大有赚头。开业之初,许熠的生意并不好,常常等上一天才有一笔几元的订单。微信营销的基本条件之一是有足够多的好友,于是许熠和他的同学采用"扫楼"的方式来增加好友:将印制的市场宣传单、广告册发到学校的教学楼、食堂、宿舍楼;利用课间10分钟在各个教室播放"优鲜果妮"宣传短片……3个月时间的"扫楼","优鲜果妮"关注人数达到4 920个,这些用户多为许熠的同学。针对这一点,许熠经常推出个性产品,各类水果组成的"考研套餐""情侣套餐""土豪套餐"频频吸引同学眼球。此外,许熠的公众平台还会不时推送天气预报或失物招领等信息来吸引粉丝。到目前为止,"水果哥"月收入已达到4万元,图1.1.3是"优鲜果妮"的店标。

图1.1.3　优鲜果妮的店标

②林婷婷:当个与众不同的"微商"。

林婷婷,16岁,是某校电子商务专业二年级学生。除了学生身份外,她还是不少护肤品的微商代理。她刚开始从事淘宝销售时,生意很难做,后来她紧跟潮流转战微商。林婷婷认为,爱美之心人皆有之,能让皮肤变美的面膜应该会有市场。在详细了解代理的面膜后,她拿下了代理权,并通过朋友圈与格子铺辅助销售。当绝大部分微商都在通过微信销售产品时,她采用线上线下相结合的模式,让自己的微商之路走得与众不同。除了常规的朋友圈,她还在一家精品店租了个格子,将面膜放在格子里进行销售,并附上"没事扫一扫,奖你东西"的二维码。这不仅帮她增加了粉丝,销量也跟着上升。此外,她还通过与固定的快递公司合作的方式降低经销成本。林婷婷说:"机会来了就要抓住,我很庆幸自己当初的果断。"短短几个月,林婷婷的月销售额已达数千元,手下拥有十几个代理产品,并组建了自己的团队。

（2）欣赏优秀商城店铺。

①伍亩田主页（见图1.1.4）。

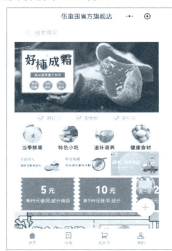

商城简介：伍亩田是一家根植于深圳本土，以原产地应季生鲜、健康滋补食材、地标特色美食为主的电商平台。凭借优质的原产地，打响了自己的品牌，有效突破了渠道的限制。

图1.1.4　伍亩田主页

②寻慢（见图1.1.5）。

商城简介：武夷山原创茶叶品牌。以武夷岩茶手工焙坊为起点，坚持古传炭焙的手艺制茶。用自然农法管理茶园，保留原茶树的正常生长姿态。按照祖辈的方式做茶，又善于运用互联网，用最年轻人的方式让更多年轻人接触并喜欢上茶。感恩自然、尊重传统、关注内心！

图1.1.5　寻慢主页

（3）总结成功店主的素质与修养。

欣赏完以上的成功案例后，你觉得一位成功的微商店主需要具备哪些素质与修养？

①有创业的理想，有耐心，能坚持；

②＿＿＿；

③＿＿＿。

活动评价

通过阅读创业故事和欣赏优秀的微商城店铺，可以激发团队创业的热情，并能见识成功案例所具备的基本要素，为后面实际开店带来头脑风暴。

合作实训

1.活动准备

组建团队：班级推选若干组长，作为团队队长，各组长通过招募和学生自由组合等方法将班级分成多个小团队。

2.实训任务

（1）小组搜集目前流行的微商城平台，模仿"活动1"中关于微商平台的对比方法，从开店门槛、费用、主要功能、支付方式、推广方式、平台优势等方面进行比对分析。

（2）小组搜集身边的资源，选定产品，撰写开店计划书。从计划开店需要筹集的资金、货源、销售产品、市场前景等方面进行分析。

3.注意事项

注意所选的项目和产品能贴合实际，具有可操作、可经营的特点。

任务 2 ▶▶▶▶▶▶▶▶
注册微商城

情境设计

晓欣作为整个运营团队的总监，肩负着团队的引领责任。这两天，她一直带着大伙研究即将使用的微商城平台——有赞商城。他们发现，"有赞（口袋通）"给商户提供了强大的微店铺和完整的微电商解决方案，简单而言就是帮商家管理它们的客户，服务客户，并能通过各类营销手段产生交易、获得订单。有赞商城提供了全套的商品管理、订单管理、交易系统、会员系统、营销系统，并且有极高的自由度去定制商城，几乎每一个页面都可以自定义。搭建微商城的第一步，就是在微商城里安个家，即完成注册任务。

任务分解

关于注册，团队成员并不陌生，因为使用邮箱、微博、QQ等都需要完成注册操作。微商城的注册有什么不一样呢？概括来说，在有赞商城注册需要完成以下三个任务活动：①学会注册商城账号；②创建个人的商城店铺；③学习商铺认证的方法。

活动 1 如何注册有赞账号

活动背景

晓欣了解到，有赞商城原名"口袋通"，它对浏览器有一定的限制，最好使用平台系统推荐的浏览器，所以注册前需要安装平台系统指定的浏览器。安装完成后，就可以进行商城的注册了。

📖 知识窗

1.密码设置规则

学会提高网络安全意识,密码安全是第一位,密码设置的好坏直接关系到个人隐私的安全。怎样设置密码呢? 其注意事项见表 1.2.1。

表 1.2.1　密码设置及使用的注意事项

1.避免出现过于简单的密码	要避免出现黑客能随时破解的简单密码。密码的口令位数应在 8~12 位,因为 8 位以下的密码容易被暴力猜解,且猜解时间很短。密码口令应使用字母和数字相结合,但不要使用有规律的字母或数字组合,如 abcd2008、admin1234。另外,避免使用0—9 或 a—c、A—C、x—z、X—Z 中的任一字符作为密码的开头,因为这些字符开头也是容易被猜解的。
2.能记住的密码才是好密码	设计密码时既要安全又要方便,大写或小写字母加上数字的组合,平时习惯的拼音也可以帮忙,找自己印象深刻的俗语、句子,取其拼音的首字母加以组合,再加上一些数字,如万事如意 2022 即为 wsry2022。实际应用中,每个人心中都有好的句子、短语甚至电影、书籍的名字,都可作为密码设计的依据。
3.养成良好的密码使用习惯	还可以通过安装可靠杀毒软件、避免将密码保存在缓冲区、登录邮箱和账号后及时执行退出操作、定期更换密码口令等方式提高密码的安全性。

2.用户命名规则

目前,有赞商城对用户名称没有严格的限制。通常,昵称选择自己方便记忆、系统中没有被人注册过的即可。若自己熟悉的昵称名字已经被人采用,可以在后面添加数字或字母,如"微澜 abc""微澜 123"等。但从营销的角度来说,昵称最好与自己店铺经营的产品配套,这样可以起到推广作用。当然,有赞商城的用户账号是以注册的手机号为准,而昵称一般是可以更换的。

活动实施

(1)首先,登录有赞商城的主页,如图 1.2.1 所示,单击右上角"注册"按钮(若已拥有"有赞"账号,单击右上角"登录"按钮,直接登录即可)。

图 1.2.1　有赞商城主页面

(2)在注册页面中,输入个人手机号码,单击"获取"按钮,等待系统发送短信验证码到手机,输入手机获取的验证码。按照前面学过的密码设置规则和用户命名规则,设置自己的密码。单击"确认注册"按钮即可完成注册,如图 1.2.2 所示。

图 1.2.2　注册页面

活动评价

　　账号很快注册成功，晓欣发现，本次活动的主要难点是如何设置账号、密码。因为这个账号要供"网络超市"运营团队共同使用，要设置安全又便于团队成员记忆的密码，晓欣还真是花了点心思呢！

活动 2　如何创建有赞店铺

活动背景

　　晓欣跟伙伴们说："有了账号，我们就可以马上创建店铺了。"当然，创建店铺之前，还需要给店铺起一个响亮的名称，考虑到网络超市的主要消费群体是学校师生，所以就叫"智渊网络超市"了。另外，还要了解清楚超市的主营产品，有了这些准备工作，就可以创建店铺了。

▢ **知识窗**

　　店铺命名的方法一般有哪些呢？

　　一个有特色的店名不但能使消费者记住，还能使消费者对店铺产品产生好感，促成交易并成为店铺忠实的消费者。易读、易记、朗朗上口的店铺名总能赢得消费者的心。因此，店铺命名一般要考虑以下几个方面：

　　（1）店铺名要和经营范围相吻合。一个优质的店铺名不仅要反映出经营特色，还要给出诚信可靠的信息，这样才能吸引消费者的眼球，让人产生购买欲望。比如同仁堂等，一听就是中药行业的代表。

　　（2）店铺名要有文化底蕴。一个好的店铺名应该有品位，乍一看觉得不错，细细研读就能品味出其中的意境。有文化底蕴的名字往往比较容易流传，如果店铺经营得好，甚至可以发展成为行业的代表。比如楼外楼、陶然居等。

　　（3）店铺名要新颖，避免重复。再好的店铺名，如果有重复的名字，就失去了价值，所以，在起店铺名时最好能推陈出新，融入自己的特色信息，设计一个专属于自己店铺的好名字。比如城市小街、菜鸟驿站等。

　　（4）店铺名应简洁。店铺命名的第一个原则就是易记，而简洁的店铺名就容易满足这一原则。所以，店铺起名字应以简单好记、容易传播为首要原则。比如万客来、合口味等。

活动实施

（1）打开浏览器，登录有赞商城的主页，单击网页右上角的"登录"按钮，即可进入登录界面。输入注册时使用的手机号码和登录密码，并输入验证码，单击"登录"按钮，如图 1.2.3 所示。

店铺命名的
注意事项

图 1.2.3　商城登录页面

（2）登录后，可以看到有赞提供了多种店铺类型。选择第一个"有赞微商城"，单击"立即开店"，开始创建店铺，如图 1.2.4 所示。

图 1.2.4　创建店铺

（3）进入创建微商城店铺界面，根据智渊网络超市的经营产品，选择"主营商品"的主营类目为"食品"，在弹出的具体类目下选择"休闲零食"，如图 1.2.5 所示。

图 1.2.5　填写经营信息

（4）进入选择经营模式界面，根据需要，选择第一个"典型商家"，如图 1.2.6 所示。

图 1.2.6　填写经营模式

（5）单击"下一步"按钮，进入填写店铺信息界面，输入店铺名称和店铺地址，如图 1.2.7 所示。

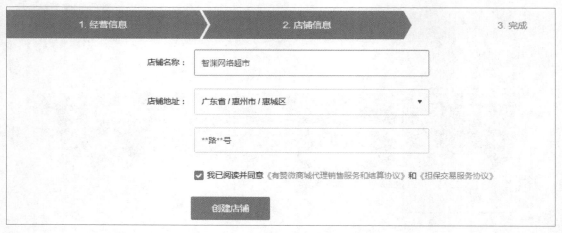

图 1.2.7　填写店铺信息

（6）单击图 1.2.7 所示的"创建店铺"按钮，即可弹出如图 1.2.8 所示的店铺创建成功的提示界面。现在可以扫描店铺的二维码，在手机上预览自己的店铺。

图 1.2.8　店铺创建成功

（7）单击图 1.2.8 中的"进入店铺后台"按钮，即可进入如图 1.2.9 所示的店铺后台界面。单击"新店开张"按钮，就可以发布商品，进行店铺装修了。

图 1.2.9 　店铺后台

（8）初次注册开通的账号，可以免费试用 6 天。如需保证店铺长时间正常营业，需要缴纳相关的服务费用，如图 1.2.9 所示。单击"立即订购"按钮，即可进入图 1.2.10 所示的服务选择界面。根据提供服务的不同，需要缴纳的年费标准也不一样。

图 1.2.10 　服务选项页面

（9）以基础版为例，说明缴费的流程。选择如图 1.2.10 所示第三个基础版的服务，单击"立即选购"按钮，进入如图 1.2.11 所示的界面。单击"下一步"按钮，进入如图 1.2.12 所示的界面，单击"立即订购"按钮。

图 1.2.11　基础版年费页面

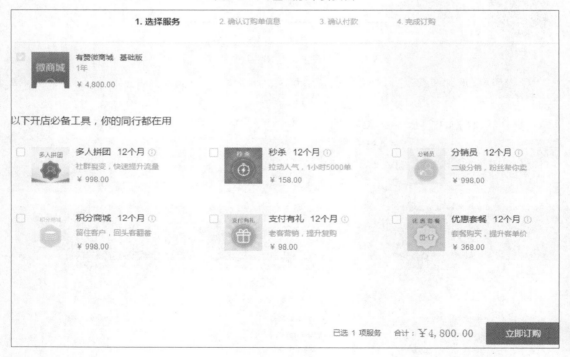

图 1.2.12　基础版缴费页面

（10）在弹出的确认订购单信息界面里，勾选"我已阅读并同意"相关协议的复选框，单击"立即付款"按钮，如图 1.2.13 所示，即可弹出如图 1.2.14 所示的付款界面。这里提供了多种支付方式供商家选择。

图 1.2.13　确认订购单信息页面

图 1.2.14　付款页面(示样)

活动评价

创建有赞店铺的活动中,重点是熟悉商城的操作界面,难点是给店铺命名。因为团队成员非常清楚本店主营产品为适合校内外师生常用的日用品和食品等,所以结合学校名将店铺命名为"智渊网络超市",非常容易被大家记住和接受。

活动3　如何进行店铺认证

活动背景

团队成员中的小威是个细心人,他最关注的是店铺经营中的一些安全问题。通过多方搜集的资料和信息,他了解到在微商城中,当有订单成交后,为保障资金安全,有赞商城规定需要认证的店铺才能够提现。所以,他马上开始了店铺的认证工作。

▢ **知识窗**

为什么要进行主体认证?

(1)未做主体认证的商城,没有办法将后台资金提现或转账出来;完成主体认证才可提现。

(2)未做主体认证的商城,没有办法进行微信支付实名认证,未做微信支付实名认证的商城,每日会有5万的收款限额,超过每日限额将无法进行微信收款。

(3)电商法要求商家在线上经营需要亮照,类似线下实体店需要在店内展示营业执照和资质。

活动实施

(1)了解有赞店铺认证体系。有赞店铺认证类型分为主体信息认证、品牌认证和跨境电商认证,进行各认证前均需要通过短信验证码校验。主体信息认证是店铺搭建的第一步,主体信息认证是对商家的经营主体信息进行认证。商家经营主体分为5种,分别是企业、个体户、政府和事业单位、其他组织和个人,需要提交资料进行审核后才能生效。

(2)准备认证所需材料。选择的经营主体不同,需要填写的主体信息也不相同。

①个人主体需要提交身份证信息,具体包括法定代表人证件的正反面照片和法定代表人法人手持证件照。

②企业、个体户、政府、事业单位、其他组织还需要提交营业执照信息。

③有实体门店的需要提供门店门头照片、门店内景照片、收银台照片;无实体门店的商家可提供线上店铺首页、管理后台、商品照片,如图1.2.15所示。

图1.2.15　门店门头照、内景照、收银台照片(图片来源:有赞商城认证参考模板图)

(3)我们以个人主体认证为例,给大家讲解具体的认证操作流程。登录进入有赞店铺后台,单击左侧灰色条里的"设置",选择"店铺信息",这时可以看到店铺的主体信息,单击"去认证",如图1.2.16所示。

图 1.2.16　店铺信息页面

（4）主体类型包括企业、个体户、政府和事业单位、其他组织和个人，不同的主体类型需要准备的认证材料是不同的，根据实际情况进行选择并按提示准备认证材料。本案例选择主体类型为"个人"，如图 1.2.17 所示，经营类目选择"线下零售"，勾选下方的"我已同意协议并开通有赞支付账户"，单击"材料准备就绪，开始认证"。这时需要进行手机号验证，使用店铺负责人手机号验证成功后，进入个人主体认证流程。

图 1.2.17　选择主体类型和经营类目

（5）个人主体认证流程依次分为"填写个人信息""填写经营信息""填写审核及公示"，根据提示填写所有的信息，认证信息填写完成后如图 1.2.18 所示。大家可以扫描二维码查看店铺主体认证的具体操作方法。

店铺主体认证

提交后，请耐心等待，有赞审核团队一般会在 1 个工作日内为你审核。审核期内你可以装修自己的小店，也可以出售商品，审核通过后就可以提现了。

图 1.2.18　认证信息填写完成界面

活动评价

由于认证时要提供一些个人或企业的信息,因此小威和团队成员也意识到,在操作中一定要树立安全意识,防止信息泄露。同时,个人认证提供照片时需要清晰地显示身份证信息和手持身份证人的面部,所以这个拍照还是个技术活呢!

合作实训

1.活动准备

确定小组注册用的手机号码和身份信息。

2.实训任务

小组成员一起商量确定自己经营的产品,设计团队小店的店铺名,可将店铺名作为团队的队名,形成相应的团队文化。由组长分工,完成本组在有赞商城的第一个店铺的注册。主要包括:①会进行微商城的账号注册;②会创建微商城店铺;③会进行店铺的个人认证。

3.注意事项

注意从网络安全的角度思考问题,培养良好的用户命名规则和密码规则,提高安全意识。注册和认证中要使用个人的联系方式和身份信息等,注意增强保密意识,防止信息外泄。

任务 3 ⋙⋙⋙⋙
绑定微信公众号

情境设计

在前面的任务中,晓欣已经带领团队成员完成了有赞商城的注册工作。在了解优秀的商城店铺后,他们发现,商城搭建好了,推广工具是万万不可少的。微信作为移动电商中主流的推广平台,将发挥很大作用。为了配合商城店铺,需要注册一个可靠的微信公众号,并将该微信公众号与智渊网络超市微商城进行绑定,实现电脑端和移动手机端共同管理商城的目标。了解清楚本次任务目标,晓欣马上发挥了领导才能,一方面安排小威和圆圆了解注册需要准备的资料,另一方面交代小威和桔子研究具体的注册和绑定方法,真是井井有条呢!

任务分解

要完成微信公众号的绑定工作,主要分为两个任务活动:①注册微信公众号;②绑定微信。

活动 1　如何注册合适的微信公众号

活动背景

团队成员经过调查得到结论,微信公众号的注册和绑定方法虽然不难,但微信公众号还分好多种类,不同种类的公众号在功能上也是有区别的。因此,根据自己的小店选择最合适的公众号类型是非常重要的。

▢ 知识窗

1.什么是微信公众平台

微信公众平台主要是面向名人、政府、媒体、企业等机构推出的合作推广业务。在这里可以通过微信渠道将品牌推广给上亿的微信用户,降低宣传成本,提高品牌知名度,打造更具影响力的品牌形象。我们可以登录微信公众平台官网免费注册微信公众号。

2.公众平台账号的类型(见表 1.3.1)

表 1.3.1　公众平台账号类型

类　型	服务号	公众号
类型解析	给企业和组织提供更强大的业务服务与用户管理能力,帮助企业快速实现全新的公众号服务平台。	为媒体和个人提供一种新的信息传播方式,构建与读者之间更好的沟通与管理模式。
适用人群	媒体、企业、政府或其他组织。	个人、媒体、企业、政府或其他组织。

续表

类 型	服务号	公众号
举例	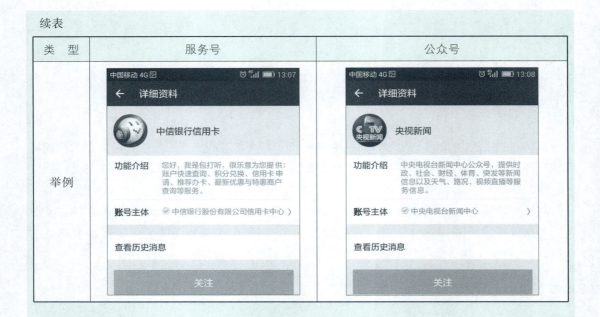	

3.注册公众号需要准备的资料

不同类型的公众号注册所需资料见表1.3.2。

表1.3.2 公众号注册需要准备的资料

政府类型	媒体类型	企业类型	其他组织类型	个人类型
政府全称	组织名称	企业名称	组织名称	身份证姓名
运营者身份证姓名	组织机构代码	营业执照注册号	组织机构代码	身份证号码
运营者身份证号码	运营者身份证姓名	企业对公账户	运营者身份证姓名	运营者手机号码
运营者身份验证	运营者身份证号码	运营者身份证姓名	运营者身份证号码	
运营者手机号码	运营者身份验证	运营者身份证号码	运营者身份验证	
	运营者手机号码	运营者身份验证	运营者手机号码	
		运营者手机号码		

活动实施

考虑经营区域以校园内为主,为了方便操作,决定注册一个个人订阅类型的公众号。其注册步骤如下:

(1)通过计算机登录微信公众平台官网,单击"立即注册"按钮,如图1.3.1所示。

(2)进入注册资料填写页面,填写注册邮箱和设置公众号登录密码,填写验证码,并勾选"我同意并遵守《微信公众平台服务协议》",单击"注册"按钮,如图1.3.2所示。

图 1.3.1　微信公众号登录页面(示样)

图 1.3.2　微信公众号注册页面

（3）进入邮箱激活页面,单击"登录邮箱"按钮,单击邮件中的链接地址,完成激活,如图 1.3.3 所示。

图 1.3.3　邮箱激活页面

小提示

　　①若没有收到邮件,请检查邮箱地址是否正确,以及邮箱是否设置了邮件过滤或查看邮件的垃圾箱。

　　②如果链接地址无法单击或跳转,请将链接地址复制到其他浏览器(如 IE)的地址栏进入微信公众平台。链接地址 48 小时内有效,48 小时后需要重新注册。

　　(4)进入选择类型页面,如图 1.3.4 所示。单击"订阅号"按钮,弹出提示界面,如图 1.3.5 所示,单击"确定"按钮即可。

图 1.3.4　选择公众号类型

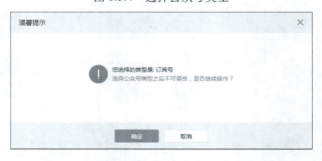

图 1.3.5　选择公众号类型确认页面

　　(5)进入基本信息登记页面,单击"个人"按钮,如图 1.3.6 和图 1.3.7 所示。填写运营者的身份证信息和手机号码,单击"发送验证码"按钮,系统将会向运营者手机发送短信验证码。

图 1.3.6　订阅号基本信息登记页面 1

图 1.3.7　订阅号基本信息登记页面 2

（6）将收到的验证码填入如图 1.3.7 所示的位置，单击"继续"按钮，会弹出提示界面，表示主体信息将承担公众号的一切责任等，如图 1.3.8 所示。单击"确定"按钮，进入公众号信息页面，如图 1.3.9 所示，填写账号名称、功能介绍及运营地区等信息。图 1.3.9 中显示的微信界面，就是注册成功后微信公众号的关注界面。

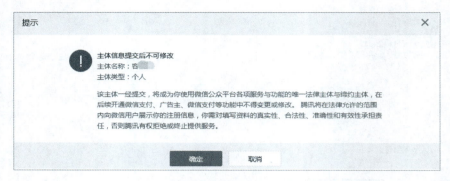

图 1.3.8　主体信息提交后的确认页面

图 1.3.9　公众号信息页面

活动评价

在本次活动中,虽然团队成员平时都有自己的个人微信号,但并不清楚原来微信公众号还有这么多内容,要根据不同情况使用合适的微信公众号,注册时所需要的认证资料也是不一样的,每个人的收获都不小。另外,微信公众号的审核还需要 1~2 天的等待时间。

活动 2　如何绑定微信公众号

活动背景

晓欣发现,对于新开的店铺,是需要绑定微信公众号的。如果在前面的店铺认证中绑定了个人微信号,在这个活动中也可以将个人微信号升级为微信公众号。

活动实施

(1)打开有赞商城平台,使用任务 2 中手机注册的账号和密码登录微商城,进入有赞商城的店铺后台,单击如图 1.3.10 所示左侧灰色条中的"应用",选择"销售渠道",选择"微信公众号",出现如图 1.3.11 所示的绑定微信公众号页面,单击"立即绑定"按钮。

图 1.3.10　有赞商城店铺后台页面

图 1.3.11　绑定微信公众号页面

小提示

①一个微信公众号只能和一个店铺绑定;为保证所有功能正常,授权时一般保持默认选择。

②账号绑定后一般不支持解绑,但可以更新授权给该有赞账号下其他店铺。

（2）进入公众平台账号授权页面，提示使用公众号平台绑定的管理员个人微信号扫描，如图1.3.12 所示。

小提示

这里所说的管理员微信号，是运营者的个人微信号。管理员微信号的作用是设置风险操作保护、风险操作提醒等，以保护账号安全。添加管理员微信号的方法：在微信公众号平台，用刚才注册的微信公众号账号和密码登录，单击所进入的页面左下角的"安全中心"，选择"管理员微信号"，即可添加。

（3）手机端登录管理员微信号，用管理员微信号扫描如图 1.3.12 所示的二维码，手机端弹出如图 1.3.13 所示的扫描成功界面，提示已允许对该店铺进行授权。

图 1.3.12　公众号登录授权页面（示样）　　图 3.1.13　扫描成功页面

（4）在弹出的授权页面中，勾选全部的权限授权给有赞，如图 3.1.14 所示。建议勾选所有的选项，如果有些权限没有勾选，会提示授权失败，建议重新进行授权绑定。

图 1.3.14　手机端公众号授权确认界面

活动评价

绑定微信公众号,实际上是将有赞商城的店铺与微信打通,通过商城提供的更强大的功能对微信号进行管理,发挥二者的优势,为后面的工作任务打下基础。绑定过程较复杂,要在手机端和电脑端反复操作,配合完成,这需要细心和耐心,才能顺利完成任务。

合作实训

1.活动准备

设备和资料准备:以小组为单位,各组准备好一个用来注册的手机,确定注册微信公众号的小组成员的身份信息等资料。

2.实训任务

由组长分工,完成以下任务:①会进行微信个人账号的注册;②会进行微信公众账号的注册;③会在有赞商城店铺中绑定微信公众号。

3.注意事项

注意良好的用户命名规则和密码规则,使用个人的联系方式和身份信息等,注意增强保密意识,防止信息外泄。另外,绑定的方法较烦琐,需要有耐心而细致的工作态度。

项目总结

本项目是店铺经营的第一个环节——注册和开店。通过本项目的学习,智渊网络超市的团队成员不仅了解到目前移动电子商务的发展现状,还掌握了较流行的微商城运营平台的搭建。微商城已经成为越来越多的商家选择的经营平台。在任务 2 和任务 3 中,实现了这个平台的注册与搭建。在这个过程中所学会的注册方法和工作能力是可以衍生的,即使更换平台,账号命名规则、密码设置、安全意识、严谨的工作态度也是通用的。学生通过本项目的学习,能实现创业中自己的商城店铺的搭建工作。

项目检测

1.单项选择题

(1)(　　)使用率已超越传统个人计算机的使用率,成为第一大上网终端设备。

　　A.掌上电脑　　　　　　　　　　B.手机

　　C.笔记本电脑　　　　　　　　　D.网络电视

(2)(　　)是移动信息服务和电子商务融合的产物。

　　A.移动电子商务　　　　　　　　B.电子商务

　　C.传统电子商务　　　　　　　　D.网络购物

(3)(　　)是主要面向名人、政府、媒体、企业等机构推出的合作推广业务。

　　A.微信朋友圈　　　　　　　　　B.微博

　　C.微信公众平台　　　　　　　　D.微商

(4)从模式上来说,微商主要分为两种,其中基于微信公众号的微商一般称为(　　)微商。

　　A.B2B　　　　　B.C2C　　　　　C.O2O　　　　　　　D.B2C

(5)(　　)一般指的是在移动终端平台上借助移动互联技术进行的商业活动。

　　A.微信　　　　B.微商　　　　C.微博　　　　D.微信公众号

2.多项选择题

(1)移动电子商务的主要传播途径有哪些?( )

　　A.手机　　　　　　　B.POS 机　　　　　　C.掌上电脑　　　　　　D.笔记本电脑

(2)移动电子商务与传统电子商务的区别有哪些?( )

　　A.移动电子商务的最大特点是随时随地和个性化

　　B.移动电子商务用户规模大

　　C.移动电子商务有较好的身份认证基础

　　D.移动电子商务可以完全替代传统电子商务

(3)微商中适合销售的产品有哪些?( )

　　A.生鲜食品　　　B.特色手工艺　　　C.服饰　　　　　　D.化妆品

(4)店铺命名一般要注意哪些方面?( )

　　A.店铺名要和经营范围相吻合　　　　B.店铺名要有文化底蕴

　　C.店铺名要新颖,避免与其他店名重复　D.店铺名应简洁,容易让人记住

(5)注册微信公众平台个人类型账号需要准备哪些资料?( )

　　A.组织名称　　　　　　　　　　B.身份证姓名

　　C.身份证号码　　　　　　　　　D.运营者手机号码

3.判断题

(1)移动电子商务可以完全替代传统电子商务。　　　　　　　　　　　( )

(2)手机购物并非能够代替 PC 端购物。　　　　　　　　　　　　　　( )

(3)微商就是"微信电子商务"。　　　　　　　　　　　　　　　　　( )

(4)相对传统电子商务,微商的投入小、门槛低、传播范围广,近两年来发展非常迅速。

　　　　　　　　　　　　　　　　　　　　　　　　　　　　　　( )

(5)设置密码时,我们要避免使用黑客能随时破解的简单密码。密码口令应使用字母和数字相的组合,但不要使用有规律的字母或数字组合。　　　　　　　　　( )

4.简述题

(1)寻找一个优秀的食品类微商城店,简单说明该店的特色和优势。

(2)寻找一个优秀的服饰类微商城店,简单说明该店的特色和优势。

5.趣味挑战题

猜猜他们经营的是什么产品? 将可能的产品分类(生鲜水果、化妆品、鲜花速递、餐饮美食、女装)填入图标对应的空格内。

厦门鲜大侠	EVEROSE	长生鸟珍珠粉	虞择衣装	小小农夫

项目 2
上架微商商品

【项目综述】

　　经过一轮学习与筹备，晓欣带领团队在有赞商城上创建店铺"智渊网络超市"。创建店铺是第一步，接下来就是解决商品的问题。晓欣团队通过对校内学生的日常生活分析，将消费群体（校内广大学生）和店铺定位（超市）的特点相结合，认为超市应该以种类多样、价格低廉和质量过关三大要素来选择商品。然而，晓欣的团队都是在校学生，根本没有大量的资金进货。据许总监介绍，在微商城上发布商品有三种方式：第一种是代销，在平台上选好供应商和商品，直接转发就可以，没有资金压力，无须压货；第二种是与淘宝上架商品一样，在微店上架商品也需要从找货、进货、拍照、作图一步步完成；第三种是转发淘宝店铺上的商品。圆圆表示家里有淘宝店，主要销售乡村产业振兴下政府扶持打造的特色农产品，有固定的培育基地和加工工厂，还可以同家里人商量将店铺的商品转到微店上。晓欣和团队成员商量后决定，为了进一步学习微商的知识，熟悉平台的操作，"智渊网络超市"使用这三种途径分别找货源和发布上架。

【项目目标】

通过本项目的学习，应达到的具体目标如下：

　知识目标
　　◇掌握商品上架的方法；
　　◇学习商品上架的流程与技巧；
　　◇熟悉运费模板设置的方法与技巧。

　能力目标
　　◇能成功上架商品；
　　◇掌握商品信息的编辑；
　　◇能够使用运费模板。

　素质目标
　　◇培养商品发布时诚信、遵纪守法的意识；
　　◇培养团结、协作的团队意识；
　　◇培养创新能力、图片编辑能力；
　　◇培养学生对国家乡村振兴战略的认可。

【项目思维导图】

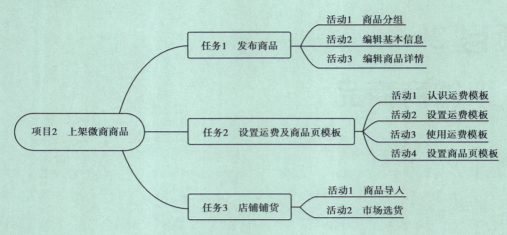

任务 1 »»»»»»
发布商品

情境设计

晓欣带领团队在有赞商城成功开设店铺,有了店铺就应该有商品。晓欣这两天与同学研究讨论,应该如何找到合适店铺的商品种类与来源。由于店铺定位于校园超市,因此商品的种类应以生活日用品和食品为主,而价格适合广大职业院校学生的接受范围,质量合格,保证职业院校学生的使用安全。由于商品种类多样,晓欣决定将团队分成两个小组,以晓欣和圆圆为主的小组负责到当地大型批发市场寻找合适的食品供应商,以小威和桔子为主的小组则通过网上批发平台寻找生活日用品供应商。

任务分解

本次任务分为3个任务活动:①商品分组;②编辑基本信息;③编辑商品详情。

活动 1   商品分组

活动背景

"智渊网络超市"是一家校园超市,主要客户是在校的住宿学生,因此超市所卖商品应该以生活、学习和娱乐三方面为主,这就是初步的分组行为。为了方便消费者快速了解超市的商品,晓欣带领组内的同学研究如何对超市的商品进行整理分类。

活动实施

（1）认识商品分组。就是将店铺的商品通过各种形式进行分类，让消费者在琳琅满目的商品中快速寻找到所需要的商品。因此，可以在添加商品时，通过新建分组对商品进行归类。同一款商品可以同时出现在多个分组里面。如智渊网络超市，可设"五元区""促销区""零食天地"和"生活帮手"等。

（2）认识商品分组列表。如图 2.1.1 所示，单击"商品"按钮出现"商品管理"页面，单击"商品分组"按钮，则出现"分组名称"设置的选项。有赞平台提供了 4 个默认分类，分别是隐藏、最热商品、最新商品和其他。分类前带"＊"号表示不可删除，标题也不可修改。商家可以从店铺商品和促销活动等方面对商品进行分类，此时只需"新建商品分组"，然后在发布商品时选择相应分组即可。

图 2.1.1　商品分组列表

根据"智渊网络超市"的定位，可对超市商品进行表 2.1.1 的分类。

表 2.1.1　"智渊网络超市"店铺商品分组

按商品类型分组	分组名称	商品种类
食品类	零食天地	饮料、零食、泡面、面包、水果等
生活用品	生活帮手	洗漱用品、清洁用品、杯碗筷子等
办公文具	学习天地	学习用具等
文体产品	休闲娱乐	娱乐、体育用品等
价格分类	五元区、十元区	对应价格范围内商品
开店活动	开店抢购	各种类型的商品都可挑选一部分参加
夜间促销	21:00 开抢	有保质期要求的商品

（3）设置商品分组。在设计好分组名单后，就可创建新的分组。如图 2.1.2 所示，左边是手机显示效果图，仅显示商品排版样式，不直接显示商品主图。右边是设置"分组名称""列表样式"和"商品标签简介"3 项信息。设置完成后保存即可在分类列表页面看到新增加的分组。

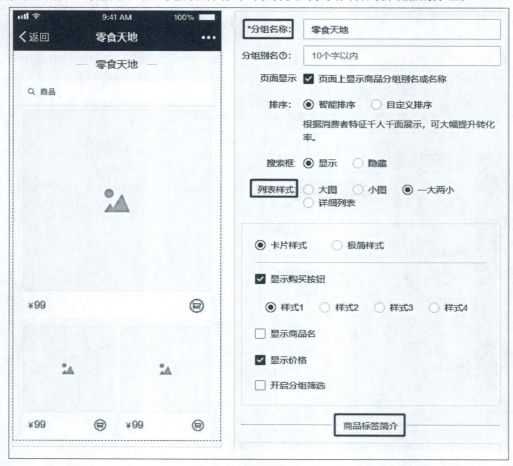

图 2.1.2　商品分组设置

以食品类商品为例，创建一个"零食"天地分组。

①单击图 2.1.1 所示的"新建商品分组"按钮，进入图 2.1.2 所示的商品分组设置页面；

②在"分组名称"里录入"零食天地"；

③在"列表样式"中选择"一大两小"和"卡片样式"；

④在"商品标签简介"中，填写与本分类有关的信息，如零食天地主要出售饮料、零食、泡面、面包、水果等；

⑤单击"保存"按钮，即可在分组名称列表中出现"零食天地"；

⑥依次将表 2.1.1 中的分组添加到店铺中。

活动评价

商品分组是对店铺所有商品进行分类的一个操作。在微店里，每个页面的商品展示都是有限的，而店铺的商品数量却是大量的。此时，就需要通过商品分组对商品进行整理归类，让消费者通过分组直接找到所需的商品。在商品分组时,可以通过多种标准对商品进行归类,同一个商品也可以进入多个分组。要让消费者更快、更准确地了解店铺商品,在商品发布前就要完成商品的分组工作。

活动 2　编辑基本信息

活动背景

　　商品管理主要是发布商品及记录库存中的商品信息。发布商品的第一步为编辑基本信息阶段。在编辑商品信息时,晓欣发现要填写的商品相关信息很多,包括商品类型、基本信息、价格库存和其他信息,以此告诉消费者商品的基本出售情况。因此,在发布前,应先了解商品并搜集相关的信息,才能更准确地完成信息的填写。"智渊网络超市"是一家小型超市,现在以海南乡村振兴网 2021 年十大爆款产品食品类商品"澄迈瑞溪牛肉干"为例演示发布流程。

活动实施

　　(1)选择商品类型。有赞平台将所有商品分为五种类型,即实物商品、虚拟商品、电子卡券、酒店商品和蛋糕烘焙,如图 2.1.3 所示。零食属于实物商品,选择第一项。

图 2.1.3　商品类型

小提示

　　①每家店铺仅支持 50 个商品链接到外部购买。

　　②商品类型:关键区别是有/无物流配送。同时,商品类型一旦选择不可修改。

　　(2)编辑基本信息:商品名和分享描述。如图 2.1.4 所示,首先,填写"商品名"和"分享描述"。商品名设为"海南特产瑞溪黄志和澄迈瑞溪牛肉干 250 克/包香辣/原味牛肉片手撕风干零食"。分享描述是将商品通过微信分享给朋友时,显示在商品名称下面的内容。

小提示

　　商品名:根据商品的情况,拟订商品名时要大于 1 个字小于 100 个字,不能包含特殊符号。

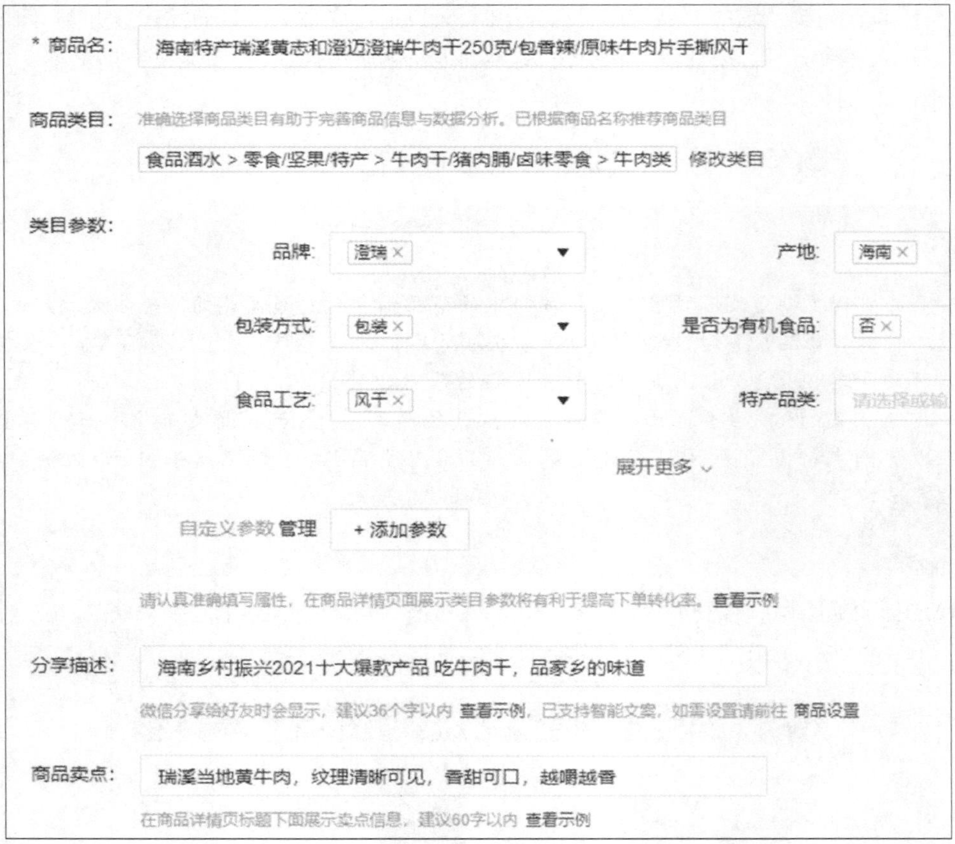

图 2.1.4　商品信息

（3）编辑基本信息：商品图。单击"添加图片"按钮，进入图片选择窗口。单击"我的图片"，可在已上传的图片中选出目标图片添加使用。如店铺分组中没有该商品图片，则单击"上传图片"，如图 2.1.5 所示，可选择"网络图片"或者"本地图片"。无论使用什么图片，都应事先对图片进行管理，如分类保存或对图片重命名等。

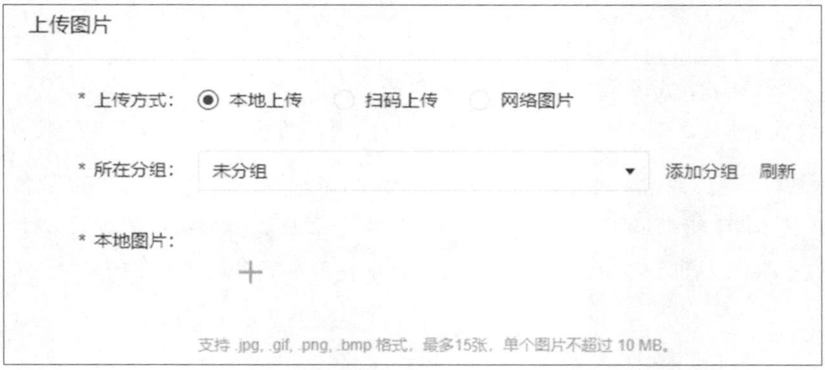

图 2.1.5　上传图片

小提示

①商品基本信息里所有带"＊"号的都是必填项目。

②商品图:商品主图最多支持 15 张。建议最好是正方形,800 像素×800 像素,每张图不超过 3 MB,支持.gif、.jpeg、.png、.bmp 4 种格式。可手动调整商品图的排列顺序,只需左键长按要移动的主图,左右移动即可。

知识窗

1.商品命名的小技巧

要让发布的商品能被消费者快速搜索到,就应该根据消费者搜索习惯、对商品需求的认识和商品基本属性三方面进行命名。简单来说,就是站在消费者的立场考虑。假如你是一名消费者,打算网上购买这款产品,你会通过哪些关键词来搜索呢?

常用的商品命名规则有:

促销关键词+功能/效果关键词+属性关键词

通过以下 3 个例子分析命名规则,见表 2.1.2。

表 2.1.2　商品标题设计表

商品图	促销关键词	功能/效果关键词	属性关键词
	区域特价包邮、正品	柠檬味、清新、怡神、学生、白领、休闲、零食品	ViTa 维他柠檬味茶饮料
商品 1 标题	区域特价包邮/正品　ViTa 维他柠檬味茶饮料 250 mL　柠檬味/清新/激爽/怡神/学生/白领/休闲/零食品		
	限时特价	随手带盖、创意杯、呵护双唇、便携	吸管杯、水杯、塑料杯、学生水杯、奶茶咖啡杯
商品 2 标题	限时特价　随手带盖/创意杯/呵护双唇/便携　吸管杯/水杯/塑料杯/学生水杯/奶茶咖啡杯		
	多省包邮	亮洁柔香型、无磷、高效除菌去污渍	碧浪洗衣粉
商品 3 标题	正品碧浪洗衣粉 2.8 kg　亮洁柔香型/无磷/高效除菌去污渍　新品/多省包邮		

2.主图的使用小技巧

主图是展示商品的主要图片,是消费者搜索商品后看到的第一张图片。主图应能充分展示商品,并具有一定吸引力,能引起消费者的购买欲望。在有赞商城里,主图可以有15张。除非商品的属性有多种,需要通过主图展示,否则一般抓住重点的5张就足够了。5张主图包括商品正面、反面/侧面、细节、参数/标签和功能等。

根据以上3种商品分别选出5张主图,见表2.1.3。

表2.1.3　商品主图选择

商品主图	正　面	反面/侧面	细　节	参数/标签	功　能
商品 1					
商品 2					
商品 3					

（4）编辑基本信息:商品类目。所谓类目,就是分类。在创建店铺时,店铺有主营类目。在发布商品时,应根据商城的规则和产品的特点选择相应的类目。类目选择得对,可增加商品被搜索的机会。有赞商城规定,类目选择错误不可修改,必须重新发布。

□ 知识窗

有赞商城商品类目及细项,以食品为例,见表2.1.4,更多类目请进入有赞平台查看。

表2.1.4　食品类目涵盖商品品类表

零　食	水　果	生　鲜	进口食品
糖果、果干、山楂片、肉干、鲜花饼、枣、葡萄干、萨其马、坚果、辣条、面包、马卡龙、薯片、月饼、蛋糕、棒棒糖等。	葡萄、榴莲、柠檬、芒果、水蜜桃、梨、黄桃、山竹、杨桃、橘子、桂圆、冬枣、板栗、牛油果、蓝莓、石榴、橙子、龙眼、车厘子、苹果等。	红薯、木耳、海鲜、蔬菜、大闸蟹、鲍鱼、北极贝、扇贝、生蚝、土豆、牛排、虾、帝王蟹、黄花鱼、猪肉、鸡、羊肉、鸡蛋、鸭肉、番薯、土豆、大蒜、秋葵、莲藕、生姜等。	进口食品等

续表

粮油米面	茶　饮	酒　水	保健滋补类
大米、玉米油、橄榄油、花生油、菜籽油、素食汤、小米、红豆、绿豆、五谷、薏米、百合、面粉、杂粮、大豆、香菇、莲子、味精、酱油、辣酱、黄油等。	普洱、碧螺春、龙井、牛奶、果汁、铁观音、大红袍、咖啡、芝麻糊、奶茶、酸梅汤、矿泉水等。	白酒、红酒、葡萄酒、白兰地、鸡尾酒、威士忌、伏特加等。	蜂蜜、三七粉、玛咖、维生素、葡萄糖、氨基酸、钙、左旋肉碱、酵素、代餐粉、红糖、燕窝、枸杞、芦荟、冬虫夏草、石斛、阿胶、天麻、灵芝、鹿茸、鱼油等。

本次的商品"澄瑞牛肉干"属于食品类商品,因此商品类目选择"食品"。根据之前的分组,选择"零食天地"。

(5)编辑基本信息:商品卖点。在商品详情页标题下面展示卖点信息,最多显示两行,建议60字以内。商品卖点是对商品标题中描述的进一步说明,商品卖点的展示,更能直观地吸引消费者注意从而进行购买。

(6)编辑基本信息:主图视频。目前仅支持在手机端播放,建议时长 9～30 s、视频宽高比16∶9。主图视频能更清楚地展示商品的属性及特点和卖点,让消费者在更轻松便捷的环境下了解商品。

(7)设置价格库存。如图 2.1.6 所示,根据商品的情况完成基本信息的填写。此处信息根据商品特点有针对性地填写,具体包括商品规格、价格和库存。

小提示

①商品规格:可根据商品信息自由添加规格的规格名,可添加多个,平台提供了多种选项选择。规格名添加后,对相应的规格名添加规格值。同一项目规格名可有多个规格值。如规格名是口味,规格值是原味、香辣。

②价格:此处的价格是客户在平台上搜索商品后看到的价格。价格的拟定可根据利润或参考淘宝的定价。对不同的属性可按销售情况拟定不同的价格。

③库存:此处的总库存为必填选项。可根据不同属性填写相应库存,然后总库存自动生成。总库存是所有属性商品库存的总和。当总库存为 0 时,自动将商品转移到"已售罄的商品"列表中。

④划线价:商品没有优惠的情况下,划线价在商品详情中会以划线形式显示。

⑤会员折扣:新版本中增加会员卡一项,为店铺的会员提供更多服务,同时享受会员折扣。

⑥商品编码:店铺内部对商品的编码,方便商品管理查找。

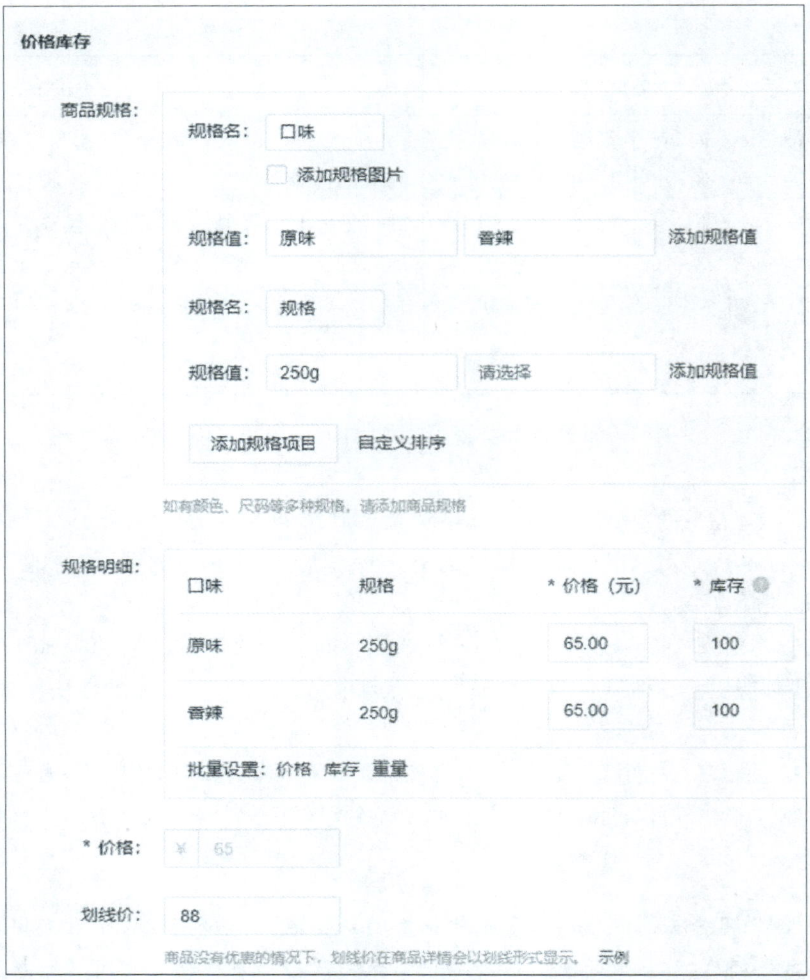

价格库存

商品规格：

规格名： 口味

☐ 添加规格图片

规格值： 原味 　　　香辣 　　　添加规格值

规格名： 规格

规格值： 250g 　　　请选择 　　　添加规格值

添加规格项目 　自定义排序

如有颜色、尺码等多种规格，请添加商品规格

规格明细：

口味	规格	* 价格（元）	* 库存
原味	250g	65.00	100
香辣	250g	65.00	100

批量设置：价格 库存 重量

* 价格 ¥ 65

划线价： 88

商品没有优惠的情况下，划线价在商品详情会以划线形式显示。 示例

图 2.1.6　价格库存

（8）添加物流信息和其他信息。如图 2.1.7 所示，根据商品的情况完成基本信息的填写，包括快递运费、上架时间、预售、限购和留言。

小提示

运费设置必填，可选"统一邮费"或"运费模板"。"运费模板"将在任务 2 详细讲解。

活动评价

商品基本信息包含很多内容，如标题、价格、库存、主图及物流方式等都应该在商品发布前准备好。信息一旦填写错误就会导致发布失败或影响交易，因此每一个细节信息都要反复核实才能进行下一步操作。

编辑基本
信息演示

图 2.1.7　物流信息和其他信息

活动 3　编辑商品详情

活动背景

消费者通过搜索找到商品,如想进一步了解,会单击商品进入商品详情页面。因此,商品详情页面应包含商品详细的信息,如商家活动、商品基本信息、商品功能/作用信息、服务信息、保障信息等。同时,通过适当的图文排版,吸引和带领消费者一步一步地浏览下去。可以说,好的商品详情能促进成交。

活动实施

(1)设置商品详情页面。单击"基本信息"页面的"下一步"按钮进入"编辑商品详情"页面,如图 2.1.8 所示。本页面由左右两部分组成。左栏是手机端的显示效果,可对商品详情中各个模板或功能进行编辑。右栏是左栏中每一个模块的对应编辑界面,实现具体信息的填充。另外,编辑商品详情时可在自定义区的三大组件区(基础组件、营销组件和其他)选择合适的组件帮助编辑,如图 2.1.9 所示。

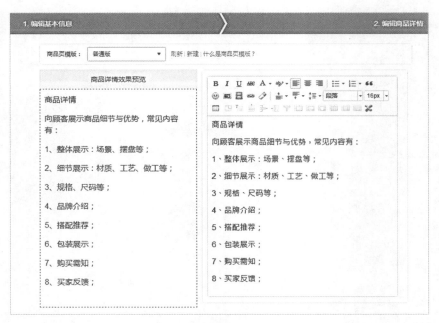

图 2.1.8　编辑商品详情

（2）编辑商品详情区。如图 2.1.8 编辑商品详情页面所示，可以选择商品页模板编辑，也可通过提供的多种功能优化商品信息，或直接插入已经制作好的图片，且有 10 000 字的编写容量。上传商品图片后，左栏会显示最新的编辑效果，如图 2.1.10 所示。

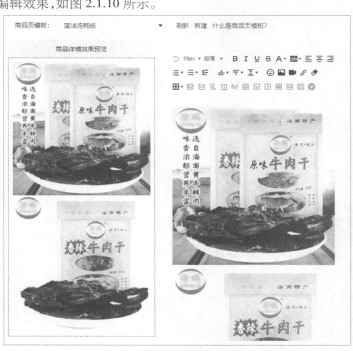

图 2.1.9　组件选择区　　　　　　　　　　　　　图 2.1.10　商品详情区

根据当前发布的商品澄瑞牛肉干,可以做以下商品简介:海南乡村振兴 2021 十大爆款产品吃牛肉干,品家乡的味道。瑞溪当地黄牛肉,纹理清晰可见,香甜可口,越嚼越香。

(3)编辑自定义内容区。自定义内容区为可选部分,通过添加更多内容,增加本商品与店铺或店铺其他商品的关联,使商品详情更加丰富。添加内容如图 2.1.9 所示。

以魔方为例,魔方布局如图 2.1.11 所示。在"添加内容"区找到"魔方",单击后在详情页面下方会出现魔方编辑区域。右栏对应出现"魔方"的编辑窗口。根据"魔方"的特点,选择模板,此处的布局可根据实际情况自行选择。现在以"自定义"模板为例,选择"魔方密度"为"4×4",在"布局"区通过移动鼠标选定布局区域大小,即可完成布局。然后"选择图片",将要展示的图片添加,每张图片尺寸会根据布局的大小而变化。添加图片后如图2.1.12所示。

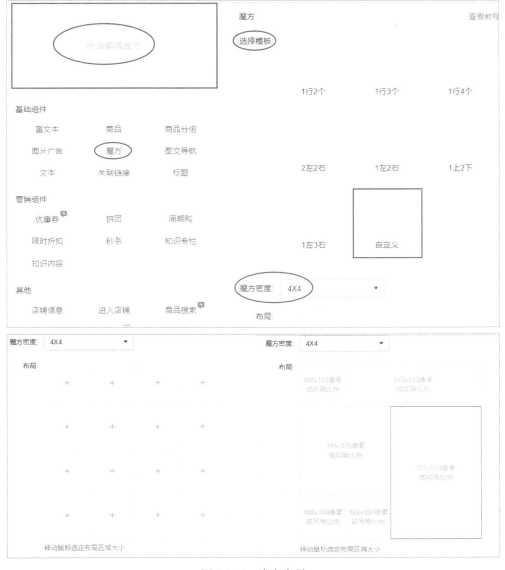

图 2.1.11　魔方布局

图 2.1.12　魔方

（4）发布商品。当填写完所有的信息后就可以发布商品了，可通过"预览"按钮进行预览，从整体上检查商品信息是否填写正确或排版是否美观。如要修改，则看清楚是哪部分信息有问题，单击"上一步"按钮退回相应页面进行修改。预览无误后，可对商品进行上架或下架处理。其中，上架包括立刻上架和定时上架两种情况，可在基本信息页面设置。上架后，商品会出现在"出售中的商品"页面。下架就是将编辑好或未完成编辑的商品放到仓库中。4 种按钮如图 2.1.13 所示。

图 2.1.13　4 种按钮

活动评价

在商品发布过程中，晓欣的团队意识到，要快速、正确地完成一个商品的发布，中间涉及多方面的问题，这需要一个团队共同协作完成。通过这次商品发布，让所有同学都认识到合作的重要性，并为后面的工作打下了良好的基础。

编辑商品
详情演示

合作实训

1.活动准备

（1）准备若干学生熟悉的生活用品和食品。

（2）以小组的形式进行商品发布。

2.实训任务

（1）每个小组选择生活用品和食品各一种。

（2）小组长根据小组同学的特点分配任务：

①对所有商品进行分组，并设计分组名称。

②商品信息搜集：基本属性、价格、效果/功能等。

③商品命名与定价：要写出商品关键词与定价方法。

④商品主图设计：至少包括 5 张主图，其中包括商品正面、反面与细节图等。

⑤物流信息搜集：线上与线下物流分别了解，并选出最合适的物流。

⑥商品详情设计：包括商品属性、图片展示、功能、效果、保障、服务信息等。

⑦自定义区域设计：根据商品情况如何选择自定义内容，了解各种自定义内容的功能。

⑧发布：了解上架、下架后商品的去向。

3.注意事项

商品发布不只是将商品放上商城，而是要通过丰富诱人的描述吸引消费者的注意，最后促进成交。因此，在发布商品时，一定要注意商品信息的真实性；在商品详情页要保证图文排版美观和信息的循序渐进，注意站在消费者的立场考虑问题。

任务 2 >>>>>>>>>>
设置运费及商品页模板

情境设计

完成商品发布以后，只要上架了，就能在有赞商城的平台上找到它。作为一家超市，售卖商品类型是多样的，为了减少发布工作的重复性，可以制订一些通用模块直接加载到每个商品里，这种通用模块的集合称为商品页模板。

既然前期工作已经完成，就耐心等待消费者的咨询与购买吧！在咨询中晓欣的团队发现，消费者来自全国各地，且普遍非常关心运费问题，如使用哪家物流公司、超重如何计费、是否能包邮等。而他们在前期的商品发布时，只简单设置了统一运费，很容易出现倒贴运费的情况。还好，晓欣在有赞商城订单管理中发现了为商家提供的运费模板。可见，完善商品信息中的运费模板是一个重要部分，可大大减少后期客服的工作量。

任务分解

本次任务主要分为以下四个活动：①认识运费模板；②设置运费模板；③使用运费模板；④设置商品页模板。

活动 1　认识运费模板

活动背景

商品出单后就涉及运费问题。为了减少消费者因咨询运费问题而产生的工作量，避免重复劳动，有赞商城提供了运费模板，只要消费者选择好商品和种类，就能根据要求自动生成运费。

活动实施

（1）进入店铺后台，单击"订单"，进入订单页面，并在订单页面的左栏找到"订单管理"，单击"配送管理"即可看到"运费模板"，单击"新建运费模板"，也可对已经存在的"运费模板"进行复制、修改和删除，如图 2.2.1 所示。

（2）认识常用物流公司。由于一个运费模板对应一家物流公司，因此在创建运费模板前，应了解当前常用和消费者喜欢的物流公司有哪些，可从中选择 1～3 家作为指定物流公司。注意，不同物流公司的运输速度和收费标准都是不一样的，可通过快递员进行更多地了解。

图 2.2.1　新建运费模板

常用物流公司如图 2.2.2 所示。物流公司的计价方式涉及商品类别、重量、体积三个方面，而收费标准取决于首重、续重和区域三要素。表 2.2.1 展示的是圆通速递运费收费标准。注意，物流公司的收费标准会变化，应随时跟踪调整。各家物流公司的首重一般为 1 kg。

图 2.2.2　常用物流公司

表 2.2.1　圆通速递运费收费标准（不包括港、澳、台地区）

中国地区名称	区域
上海市、江苏省、浙江省	一区
北京市、天津市、河北省、安徽省、福建省、江西省、山东省、河南省、湖北省、湖南省、广东省	二区
山西省、辽宁省、吉林省、黑龙江省、广西壮族自治区、海南省、重庆市、四川省、贵州省、云南省、陕西省、甘肃省、宁夏回族自治区	三区
内蒙古自治区、西藏自治区、青海省、新疆维吾尔自治区	四区

续表

圆通速递				
	一区	二区	三区	四区
到货时间/天	1~2	2~3	3~4	4~5
首重费用/(元·kg⁻¹)	6	10	13	20
续重费用/(元·kg⁻¹)	重量×1	重量×8	重量×10	重量×18

活动评价

要了解一家物流公司是否适合,不仅要通过快递员了解,还要根据日常的使用与消费者的反应进行总结。每一家物流公司都有它的优势,如送达快捷、运费便宜等。因此,在选择物流公司时可综合考虑,多选择两家,提供给消费者。同时,也要不断了解各家物流公司的动态信息,随时调整资费,为自己和消费者提供方便。

菜鸟驿站
乡村布局

活动 2　设置运费模板

活动背景

晓欣跟团队的伙伴分别对学校周边的几家物流公司进行了解,决定选择圆通作为默认的物流公司,而需要加急的或者要求较高的用户就选择韵达,同时还提供顺丰和 EMS 作为后备。有了方向,就可以创建物流模板了。

活动实施

(1)单击图 2.2.1 中的"新建运费模板"按钮,进入新运费模板页面,如图 2.2.3 所示。由于选择圆通作为默认物流公司,因此在"模板名称"选项里,输入"圆通"。

图 2.2.3　新运费模板

(2)根据圆通速递运费收费标准,如图 2.2.3 所示,单击"指定可配送区域和运费"进行信息录入。配送区添加如图 2.2.4 所示。在"可选省、市、区"选项区里选中相应的省、市、区,单击"添加"按钮,所选的省、市、区就会出现在"已选省、市、区"选项区里面。如果选择错误,直接单击"已选省、市、区"中错误的区域右边的" "按钮,即可取消。

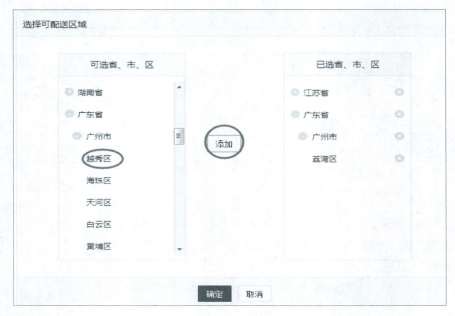

图 2.2.4 配送区添加

完成一区的区域信息添加以后,填写收费信息、一区运费,如图 2.2.5 所示。

图 2.2.5 一区运费

小提示

①配送区域包含全国所有省、市、区、县。点"+"即可以打开,进行市和区的选择。

②在选择地区时,除了根据物流公司提供的标准以外,还可根据实际情况进行相应调整,如将部分偏远地区或不发达地区作为不派送范围而不选择。

(3)重复以上步骤,继续完成二区、三区、四区的物流信息录入。完成后,圆通运费模板如图 2.2.6 所示。单击"保存"按钮即可。

活动评价

创建运费模板过程中,最重要的就是确定物流公司的收费标准。这就要通过不同物流公司反复比较,要与快递员不断地商讨才能定下来。价格定下来后,在创建模板的过程中,地区的选择也非常重要,一些偏远地区如果不过滤,就容易导致商家倒贴邮费的事情出现。因此,创建完后要重复核对信息,避免出错。

图 2.2.6　圆通运费模板

活动 3　使用运费模板

活动背景

　　运费模板创建好,并不代表完成任务。要将运费模板应用到商品上,才能保证商品的运费设置成功完成。心细的小威发现,模板的选用并不能批量设置,必须要一件一件商品进行修改。因此,小威与桔子立刻投入运费模板的修改工作中。

活动实施

　　(1)进入店铺后台,单击打开"商品"页面,选中需要修改运费模板的商品,单击"编辑"重新进入,如图 2.2.7 所示。

图 2.2.7　编辑商品

　　(2)进入商品编辑页面后,找到"物流/其他"模块,在"运费设置"里选择"运费模板",单击下拉菜单,显示新建的"申通"与"圆通",单击选择合适的模板即可,修改运费模板,如图 2.2.8 所示。单击"下一步"按钮进入"商品详情页面",再次单击"上架"即完成运费模板的修改。

　　完成运费模板修改后,商品运费即显示"￥6.00~20.00"。运费效果图如图 2.2.9 所示。具体费用会在消费者购买时根据不同区域自动调整。

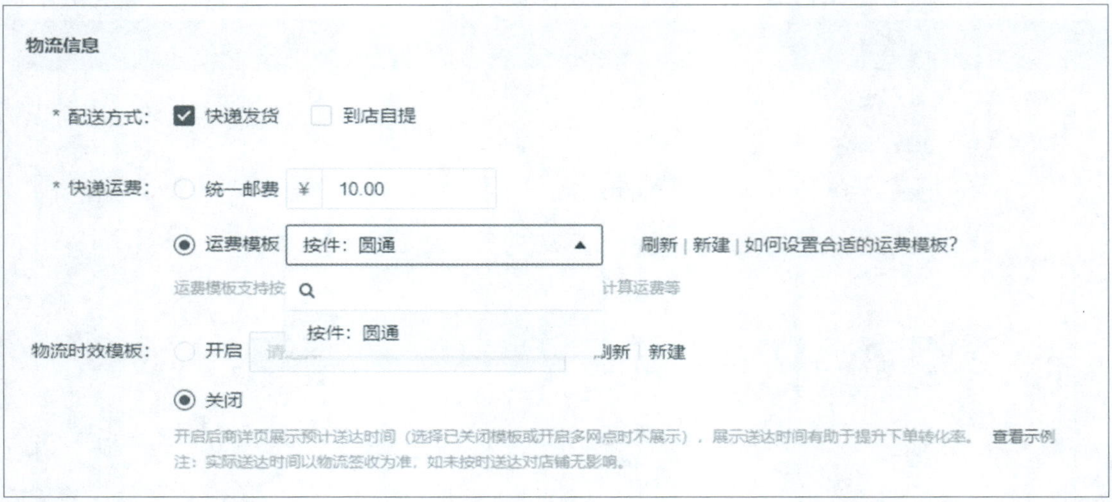

图 2.2.8　修改运费模板

图 2.2.9　运费效果图

活动评价

　　不是每一件商品都适合一个运费模板,这就要根据商品的特性进行选择。桔子在修改运费模板时发现,一些保质期短的食物需要物流速度快的公司,这些细节必须通过大量的练习才能总结得出。因此,如何选择合适的物流公司,需要通过分析和考虑,不能随便选择。

活动4　设置商品页模板

活动背景

商品管理是店铺管理的重要一环,商品详情的制订则是商品管理中的重要一环。商品详情会根据店铺商品的实际情况(如版本、活动等)的变化而变化,因此商品详情需要定期更新,这就让商品管理工作变得重复而复杂。晓欣和圆圆意识到灵活运用商品页模板,将能更高效地管理、更新商品详情页。

活动实施

(1)认识商品页模板。详情页的基本结构由4个部分组成:基本信息区、顶部模板内容区、商品详情区、底部模板内容区,如图2.2.10所示。

基本信息区和商品详情区:内容为发布时填写内容,每个商品不同。具体操作参考任务1。前者一直置顶,后者可整体上下移动位置。

顶部和底部模板内容区为自定义区域,可根据实际情况添加基础组件、营销组件、其他三部分内容。

(2)创建模板。进入商品编辑页面,找到"商品页模板",单击"新建商品页模板",并选择对应的模板样式:普通版和简洁流畅版,如图2.2.11所示。

图2.2.10　详情页结构示意

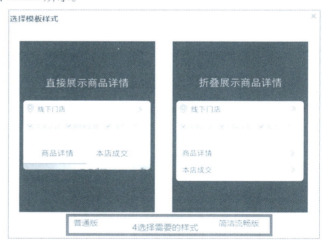

图2.2.11　商品页模板样式

● 普通版:打开商品页详情页,默认展示商品详情等信息,让买家第一时间看到商品详情等信息。

● 简洁流畅版:打开商品页详情时,折叠展示商品详情等内容,让买家更清晰、流畅地查看商品。

(3)为新创建模板命名,即可进行模板内容的设置。可通过组件来设置,如设置图片广告、营销活动。模板内容区可拖动来改变其展示的顺序。模板命名如图2.2.12所示,模板内容调整如图2.2.13所示。

图 2.2.12　模板命名

图 2.2.13　模板内容调整

活动评价

通过在模板里添加对应商品的关联推荐、店铺营销活动入口等内容,使不同的商品使用同一个模板。同时当模板修改后,所有使用该模板的商品详情页都将更新(商品详情内容不会改变),从而方便快捷地编辑和管理商品并通过该功能,将极大地提升粉丝(买家)的浏览体验,提升访问深度,提升关联购买,从而提升店铺的成交转化率。

合作实训

1.活动准备

(1)列出常用的 10 家物流公司。

(2)以小组的形式进行物流公司调查。

2.实训任务

（1）每个小组选择两家物流公司。

（2）小组长根据小组同学的特点分配任务：

①了解物流公司在学校周边有没有站点。

②了解该物流公司的运费收费情况。

③是否存在议价空间。如大量、长期合作，能提供什么优惠等。

④向周边同学或老师了解该物流公司员工的情况，如送件是否及时、货物是否有破损等。

（3）新建一个该物流公司的运费模板。

（4）将该运费模板运用到商品上。

3.注意事项

在选择物流公司时，不仅要考虑公司整体的服务水平，还要结合当地快递员的素质。要确保快递员的稳定，如是否经常换人，是否能保证每天定时定点来收件。只有选择一家好的物流公司，才能保证交易的后期顺利进行，减少纠纷的出现。

任务 3 〉〉〉〉〉〉〉
店铺铺货

情境设计

晓欣作为团队的领导人，不但要引领团队，还要保证店铺的正常运营。在上传商品的过程中，晓欣发现，尽管伙伴们的热情都很高，但大量重复的发布工作也让小伙伴特别疲劳。由于店铺的定位是校园超市，涉及的商品数目较大，现在团队已经熟悉如何发布新产品，晓欣想到，有赞平台可提供三种方式发布商品：编辑发布、淘宝转发和市场选货。发布商品前，团队曾开会商量如何选择商品。会上，圆圆说家里有淘宝店，可以为店铺提供货源。导入淘宝产品可以为商品发布节约大量时间，让团队更快地进入店铺的运营模式。

任务分解

本次任务主要分解为以下两个活动：①商品导入；②市场选货。

活动 1　商品导入

活动背景

尽管店铺上传一件商品就可以在有赞平台上被搜索到，但要让消费者进入店铺后有更多的选择，体验逛超市的感觉，必须有大量的商品才可以实现。而传统的编辑发布，所需时间较长，这时就可以通过商品导入，快速增加商品数量。

□ 知识窗

1.爱铺货是什么

爱铺货是由有赞官方合作伙伴笛佛软件(网店管家)推出的多平台店铺商品发布工具。它支持一键铺货,助力有赞商家开店上新,快人一步!

2.爱铺货的主要功能

①直接创建/编辑新商品信息,持久存储,提供商家自己的云商品库。

②备份平台商品信息到云商品库,保障商品数据安全。

③从商品库一键铺货到有赞等平台,成倍节省时间。

④支持从多平台直接快捷铺货有赞,效率再提升。

⑤批量修改有赞商品信息,满足运营调整需要。

活动实施

(1)有赞平台内店铺间铺货。有赞平台内如有两家店铺,可快速完成店铺间的铺货。操作步骤如下:

①新店铺进入有赞商家后台,授权后注册/登录爱铺货服务。在店铺后台,进入"商品"页面,单击"商品页模板",再单击"外部商品导入",进入"爱铺货",如图 2.3.1 所示;选择需要铺货的店铺"确认授权"即可,如图 2.3.2 所示。

图 2.3.1　商品导入

图 2.3.2　店铺绑定

②店铺授权。对来源的有赞店铺进行授权,使之与"智渊网络超市"成功对接。进入"爱铺货"页面,单击"店铺授权",在各个平台店铺中选择"有赞",输入来源有赞平台的店铺名,单击"确认授权",则来源店铺能把货铺到新店中。

③店铺铺货。直接选取来源有赞店铺商品,铺货到新有赞店铺。进入"平台商品页面",通过查找功能快速找到需要铺货商品,选中铺货商品,单击"快捷铺货"后,在输入框选择"智渊网络超市",并选择分组,"提交"即可。如需将整个来源店铺商品搬到新店,不需要搜索商品,直接单击"快捷铺货","提交"即可。

(2)其他平台铺货到有赞店铺。爱铺货对接平台有淘宝网、京东、天猫和阿里巴巴四大热门平台。下面以淘宝为例,简单介绍外部平台如何导入商品。

①淘宝店铺授权。登录"爱铺货",进入"商品库",选择"下载商品",添加"来源店铺",进入淘宝授权,此时需要选择服务版本,检测是否已登录淘宝账号,如是,即可完成授权。

②添加商品。填写授权后的"来源店铺",通过"平台类目""店内分类""商品状态""商品名称"或"修改时间"等条件下载目标商品。也可以通过"商品库"页面中"新增商品"功能完成手工新增商品工作。手工新增商品,需要填写的三大类信息包括基本信息、销售属性和商品详情。

跨平台云商品库
导入授权
店铺操作

活动评价

使用爱铺货首先需要来源店铺、铺货店铺授权到爱铺货。有赞平台可直接免费授权到爱铺货,虽然其他平台店铺订购的免费版本也有授权,但有效期是 7 天。

活动 2   市场选货

活动背景

有赞平台为商家提供了分销的服务,一方面为已有货源商家完善店铺货源类别,另一方面更为没有货源的商家寻找了有资质的供应商及货源,为这类商家成功开设有赞店铺并运营提供了极大的帮助。

活动实施

(1)选择分销商品。进入有赞平台后台"商品"页面,单击"我要分销"即能看到平台提供的所有商品。为了能快速找到所需商品,可以通过"商品"或"供应商"搜索,还可以直接通过菜单中的"食品""美妆""个人护理""服饰""日用百货"等七十一大分类快速查看货源,如图 2.3.3 所示。

(2)货源选择。下面以"食品"为例,了解货源的基本情况,如图 2.3.4 所示。选择货源时需要了解以下信息:

- 利润比:通过利润比了解销售此商品的利润空间,判断是否能为店铺带来高收益。
- 建议售价:通过了解价格,判断是否符合店铺目标人群的消费能力。
- 供货价:不同供应商的供货价有一定变化,可多家对比后进行选择。
- 运费:代销是供应商发货,因此要清楚代销商品发货问题,避免购物后产生纠纷。
- 总销量:当前商品累计销售量,反映商品售卖情况。

图 2.3.3　分销首页

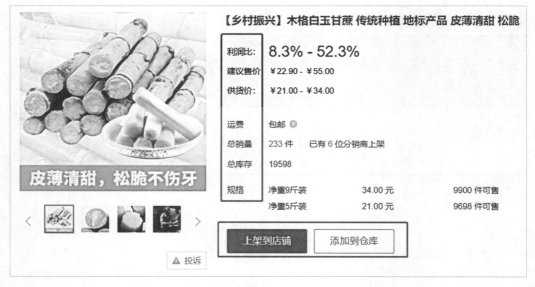

图 2.3.4　货源情况

• 已有多少分销商上架:通过参数判断此商品是否受商家欢迎。

• 总库存:库存越高,侧面反映供应商的级别越高,供货价也可能越低,同时为推广后的热销做好库存保障。

• 店铺信息:了解供应商的基本情况,包括是否有赞推荐商家、分销品总数及分销商家数。

(3)上架到店铺/添加到仓库。通过对各种参数的了解,单击商品下方的"上架到店铺"或"添加到仓库"按键,将商品放到店铺中。添加完成后可在店铺后台的"商品分组"中查看添加商品。

活动评价

分销功能为商家提供了更多有品质的货源,为商家解决了发布商品、物流等问题,商家只需要做好推广即可获取利润,这让在有赞开店的门槛再次降低,更多的人可以通过有赞平台开设店铺。

市场选货

合作实训

1.活动准备

以小组的形式进行商品快速发布。

2.实训任务

(1)导入淘宝店铺商品信息:

①淘宝店铺授权:

登录我的应用"爱铺货",添加"淘宝"店铺。

第 1 步:订购淘宝服务"网店管家"。

第 2 步:授权并登录淘宝店铺,复制对应地址。

第 3 步:粘贴地址到方框内。

单击"确定"按钮,完成授权。

②导入云商品库。

来源店铺选择刚才导入的淘宝店铺。

选择需导入商品,单击"导入已选行"。

提交导入。

③导入有赞店铺。

选中商品。

选择要铺到的有赞店铺。

在有赞店铺中选择商品,点击"选好商品继续"。

再次选择商品,点击"提交铺货"。

(2)导入分销商品信息。

①点击"市场选货"进入有赞分销页面。

②输入关键词"乡村振兴",查找商品。

③浏览并找到合适商品,点击进入。

④通过商品详情了解商品信息。

⑤合适即可点击"上架到店铺"。

3.注意事项

总结两种商品导入方式的利弊,可以看出:无论哪一种方式,导入的商品信息都不是完整的,需要重新检查才能上架发布。这种方式只能为我们提供一种便利,并不是一劳永逸的。

项目总结

本项目主要是完成商品发布工作:发布时要了解平台的规则,才能在平台上生存;要认清店铺的定位,才能选择好商品;要清楚商品的特性,才能将商品通过图文清楚展示。同时,有赞平台还为店铺提供了非常多的功能:自定义内容区,让商品间增加关联,提升设计排版的能力;运费模板设置,让消费者快速了解运费,提升客服办事效率;淘宝转发,让店铺有更多途径寻找货源,提升产品发布效率。商品是店铺的灵魂,把握好商品,正确发布展示商品,才能吸引更多的消费者,逐步完成交易。

熟悉掌握发布工作,可以更了解平台、更了解商品,为后期的装修、推广、物流和客服的工作打好基础。要学好商品发布不是一时半刻的事,需要长时间的积累,在不断的发布中寻找方法与技巧。

项目检测

1.单项选择题

(1)在商品类目分类中,"相框画框"属于以下哪一个类目?(　　　)

    A.家装建材　　　　　B.其他　　　　　　　C.居家　　　　　　　D.数码家电

(2)以下哪一张图适合作为主图?(　　　)

    A.　　　　　　　　　B.　　　　　　　　　C.　　　　　　　　　D.

(3)物流工具在有赞商城店铺后台的哪一个管理页面中?(　　　)

    A.店铺　　　　　　　B.商品　　　　　　　C.订单　　　　　　　D.应用和营销

(4)有赞允许的商品名长度是不超过(　　　)个字。

    A.30　　　　　　　　B.50　　　　　　　　C.80　　　　　　　　D.100

(5)请问题图2.1所示是什么图?(　　　)

题图2.1

题图2.2

    A.排版　　　　　　　B.魔方　　　　　　　C.商品　　　　　　　D.图片导航

(6)有赞店铺中爱铺货的对接平台不包括(　　　)。

    A.淘宝　　　　　　　B.天猫　　　　　　　C.当当　　　　　　　D.京东

2.多项选择题

(1)运费模板的设置包括以下哪些方式?(　　　)

    A.粘贴　　　　　　　B.复制　　　　　　　C.修改　　　　　　　D.删除

(2)访问量中 UV 代表(　　),PV 代表(　　)。

    A.访问量   B.独立访客

    C.独立地址   D.页面量

(3)以下哪些类目属于商品类目中的一级类目?(　　)

    A.亲子   B.男装   C.手机   D.丽人健身

(4)在题图 2.2 中商品的关键词是(　　)。

    A.好想你   B.健康优先   C.顺丰   D.现货现发

(5)宝贝描述详情中,自定义添加内容包括(　　)。

    A.富文本   B.辅助线   C.标题   D.商品详情

(6)商品发布过程中,以下哪些信息填写后不能修改? (　　)

    A.价格   B.运费   C.类目   D.标题

3.判断题

(1)有赞商城发布的所有商品都需要物流发货。   (　　)

(2)在有赞商城发布商品时,每人限购设置为"0",代表所有人都不可以购买此商品。

                                         (　　)

(3)魔方的大小可根据布局的变化而自动调整。   (　　)

(4)商品发布时,只可添加 5 张商品主图。   (　　)

(5)商品发布时,"下架"表示退出商品编辑模式。   (　　)

(6)有赞商城里面,运费是按重量计算的。   (　　)

4.简述题

(1)设置运费模板需要什么信息?

(2)按顺序说出下图中各个图标所对应的物流公司名称。

5.趣味挑战题

现在有一个包裹重 2.5 kg,需要寄到广西南宁。请根据下表,分别计算各家物流公司的运费及派送时间,并选出最合适的一家进行派送。

中国地区名称(不含港、澳、台地区)	区域
上海市、江苏省、浙江省	一区
北京市、天津市、河北省、安徽省、福建省、江西省、山东省、河南省、湖北省、湖南省、广东省	二区
山西省、辽宁省、吉林省、黑龙江省、广西壮族自治区、海南省、重庆市、四川省、贵州省、云南省、陕西省、甘肃省、宁夏回族自治区	三区
内蒙古自治区、西藏自治区、青海省、新疆维吾尔自治区	四区

续表

圆通速递				
	一区	二区	三区	四区
到货时间/天	1~2	2~3	3~4	4~5
首重费用/(元·kg^{-1})	6	10	13	20
续重费用/(元·kg^{-1})	重量×1	重量×8	重量×10	重量×18
申通快递				
	一区	二区	三区	四区
到货时间/天	1~2	2~3	3~4	4~5
首重费用/(元·kg^{-1})	7	12	15	22
续重费用/(元·kg^{-1})	重量×2	重量×10	重量×12	重量×18
韵达快递				
	一区	二区	三区	四区
到货时间/天	1~2	2~3	3~4	4~5
首重费用/(元·kg^{-1})	5	20	21	22
续重费用/(元·kg^{-1})	重量×1	重量×5	重量×6	重量×20
中国邮政 EMS 航空件				
	一区	二区	三区	四区
到货时间/天	1~2	2~3	3~4	4~5
首重费用/(元·kg^{-1})	20	20	20	20
续重费用/(元·kg^{-1})	重量×4	重量×6	重量×9	重量×17
中国邮政 E 邮宝				
	一区	二区	三区	四区
到货时间/天	4	8	10	15
首重费用/(元·kg^{-1})	8	12	15	18
续重费用/(元·kg^{-1})	重量×3	重量×4	重量×5	重量×10
中通快递				
	一区	二区	三区	四区
到货时间/天	1~2	2~3	3~4	4~5
首重费用/(元·kg^{-1})	7	12	15	22
续重费用/(元·kg^{-1})	重量×2	重量×10	重量×12	重量×18

项目 3
装修微商店铺

【项目综述】
  智渊网络超市的团队成员,已经顺利完成了注册开店和商品上架等准备工作,接下来就要好好地装修店铺了。爱美之心人皆有之,华丽的外表可以吸引人的眼球,这是亘古不变的规律,这个规律对网上的店铺装修也是一样的。精美的装修能吸引顾客驻足,赢得顾客的信任,使顾客感觉到被尊重的同时,给他们带来愉悦的心情,进而对产品产生好感,激发他们的购买欲。
  怎样才能装修出漂亮的店铺呢?这个难不倒晓欣和小威他们,在平面设计课程中学到的本领终于能够派上用场了。团队中的小威和圆圆可是美工方面的高手,晓欣集合大家一起商讨,根据店铺经营的食品类产品,初步定下了店铺的设计风格和内容。对一些把握不准的地方,大伙还请教了许总监。大家跃跃欲试,计划在接下来的一周里,将自己的店铺装修好。

【项目目标】
通过本项目的学习,应达到的具体目标如下:

知识目标
  ◇掌握微商城的装修方法;
  ◇了解店铺 Logo 和店铺装修原则;
  ◇学习食品类店铺的装修风格;
  ◇了解自定义模块的作用;
  ◇了解公共广告的作用;
  ◇了解小程序的作用和使用方法。

能力目标
  ◇能够完成有赞商城店铺主页的设置;
  ◇能够完成会员主页的设置;
  ◇能够在商城中设置店铺导航;
  ◇能够完成有赞商城小程序装修;
  ◇能够完成公共广告的设置;
  ◇能够根据需求完成自定义模块的设置。

素质目标

◇学会从客户体验角度思考问题；

◇培养耐心严谨的工作态度；

◇提高审美意识。

【项目思维导图】

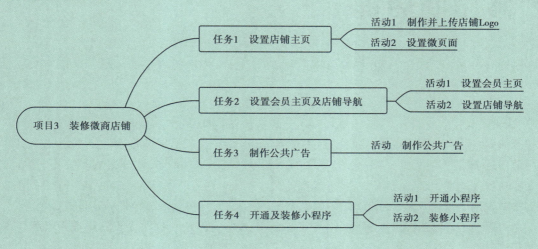

任务 1 》》》》》》》》
设置店铺主页

情境设计

微页面具有超强的可编辑性，它可以只是一个页面，也可以作为店铺的主页和小程序的主页，还可以作为群发的图文消息。装修店铺的首要任务，就是要设计好店铺主页。一个好的店铺主页需要具备以下三个特点：①吸引人的标题；②让人想打开的配图；③简洁的内容。在明确了本次任务的主要目标后，晓欣给大家分了工，她自己负责制作 Logo，小威制作店铺主页的背景图，圆圆设计标题和文字，桔子负责研究商城平台的使用，大家各司其职，开始工作。

任务分解

本次任务分为两个任务活动：①制作并上传店铺 Logo；②设置微页面。

活动 1　制作并上传店铺 Logo

活动背景

　　店铺 Logo 是一家店铺非常重要的文化标识,设计优秀的 Logo,可以帮助顾客记住你的店铺。因此,Logo 要醒目且符合店铺的经营风格。晓欣打算用自己比较熟悉的平面处理软件 Photoshop 来完成这个任务。

☐ 知识窗

　　店标是店铺的标志,通常由店铺名称、产品图片、宣传文字等组合而成。店标要清晰地展示店铺的企业文化,以醒目、让顾客过目不忘为最佳。微商店标一般有以下几种方式:

　　(1)有些店标只由单独的文字构成,如图 3.1.1"亲的客栈"和图 3.1.2"连星咖啡"的店标。

图 3.1.1　亲的客栈　　图 3.1.2　连星咖啡　　图 3.1.3　21 世纪传媒

　　(2)有的店标无任何文字,单独用图形构成,如图 3.1.3"21 世纪传媒"和图 3.1.4"瞳艺旅游"的店标。

图 3.1.4　瞳艺旅游　　图 3.1.5　鲜大侠　　图 3.1.6　花福记

　　(3)更多的店标由图文组合而成,如图 3.1.5"鲜大侠"和图 3.1.6"花福记"的店标。

活动实施

　　(1)使用 Photoshop 软件,参考扫描的二维码资源"智渊商城 Logo 制作",完成 Logo 的制作,并保存为图片文件,如图 3.1.7 所示。

智渊商城
Logo制作

图 3.1.7　店标完整图

（2）登录有赞商城，单击"店铺"按钮，单击有赞 Logo 图标，如图 3.1.8 所示。

图 3.1.8　有赞商城后台店铺页面

（3）在弹出的如图 3.1.9 所示页面中，单击店铺 Logo 旁的"修改"按钮，出现图片上传界面，如图 3.1.10 所示，将前面设计的 Logo 图片上传即可。注意图片大小不可大于 1 MB，不允许涉及政治敏感问题及色情内容。

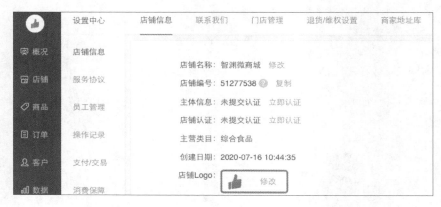

图 3.1.9　店铺信息页面

图 3.1.10　上传店铺 Logo 界面

（4）上传成功后，即可看到店铺 Logo，如图 3.1.11 所示。

图 3.1.11　修改店铺 Logo 成功页面

活动评价

由于本店的经营产品是食品类,并且面向 20 岁左右的学生群体,所以店标以萌宠的卡通造型结合文字来设计,非常简约,让顾客很容易通过店标记住店铺。团队一致认为这个店标设计符合大家共同的想法。

活动 2　设置微页面

活动背景

晓欣和桔子通过查阅资料,了解到店铺主页即店铺首页,是店铺的门面。店铺主页的内容要有吸引力:上新、优惠活动等;结构要清晰,首页导航设置有利于用户快速找到自己想要购买的商品。

📖 知识窗

1.微页面简介

有赞微页面是可以自定义编辑的页面,既可以把它当作普通的页面来使用,也可将任一微页面设为店铺主页。店铺主页是店铺的门面,好的店铺主页可以吸引用户浏览的兴趣,让用户快速地找到自己想要购买的商品,给用户带来良好的购物体验,最终实现高的成交率。所以,制作一个精美的店铺主页十分重要。

目前,微页面有三种模板类型:基础模板、场景导航和主页模板。基础模板有自定义模板、新品推荐、新鲜资讯等类型,适合有店铺主页自由搭建基础功底的商家使用。场景导航用精美图片和音乐来介绍自己的品牌和商品。主页模板已经搭建了简单的框架,商家只需根据自己的要求,更换海报展示以及商品即可。

2.店铺风格

智渊网络超市以美食销售为主。美食类店铺一般采用暖色风格,如黄色,能让顾客拥有好心情和好胃口。一些具有地方特色或浓郁乡土气息的食品店,为了突出绿色、天然食品的信息,常采用绿色为主色装修。

活动实施

（1）本次活动借助店铺已有的模块框架，对店铺的主页进行修改。单击"店铺"页面，单击左侧"微页面"，在显示的"新建微页面"区域，单击"店铺主页"中的"编辑"按钮，如图3.1.12所示。

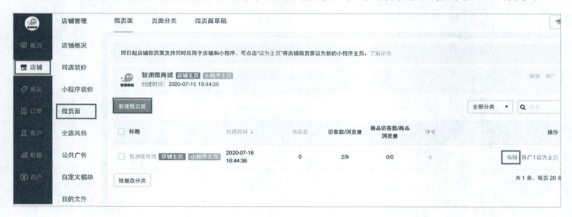

图3.1.12　店铺微页面

（2）在"页面名称"中输入"店铺主页"，在"页面描述"中输入"戳戳戳，查看智渊商城的新品！"单击分类旁边的"新建"按钮，如图3.1.13所示。

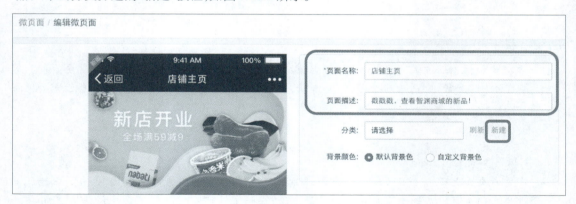

图3.1.13　店铺主页编辑

小提示

　　"页面描述"中输入的内容是用户通过微信朋友圈分享给朋友时显示的内容。

（3）如图3.1.14所示，在弹出的"微页面分类"页面中，设置分类名为"店铺主页"，根据需要调整"第一优先级""第二优先级"和"显示方式"等，确定后单击"保存"按钮即可。

（4）返回店铺主页设置界面，如图3.1.15所示。单击分类旁边的"刷新"按钮，显示刚才建立的"店铺主页"页面分类，选择图示的"店铺主页"。

（5）在"背景颜色"右边单击选中"自定义背景色"，并单击"重置"左边的按钮，弹出颜色选择框，选择相应的颜色块，如图3.1.16所示。

图 3.1.14　微页面分类

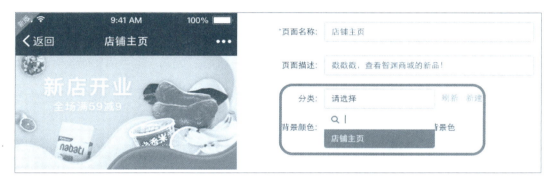

图 3.1.15　"店铺主页"页面分类

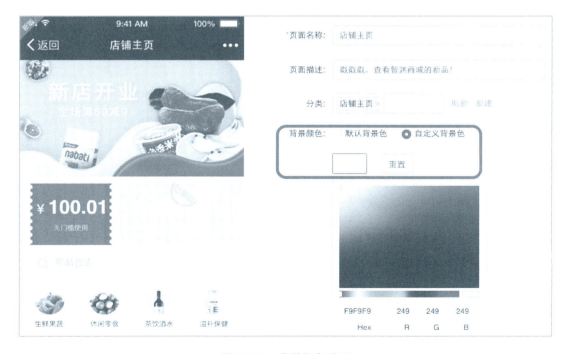

图 3.1.16　背景颜色重置

（6）将页面滚动到最下方，找到"其他"组件板块，如图 3.1.17 所示。单击其中的"店铺信息"按钮，将该组件添加到微页面中。其他组件的添加方法与此类似，可以将需要的组件依次添加到微页面中。

图 3.1.17　添加店铺信息组件

（7）拖动"店铺信息"组件，将该组件放置到页面顶部，并依次拖动页面中的其他组件，调整组件排列顺序。单击"店铺信息"组件，弹出组件设置面板，如图 3.1.18 所示。

图 3.1.18　"店铺信息"组件设置面板

店铺背景页
制作

（8）可以单击不同的样式进行预览，选择自己想要的店铺信息显示样式。单击背景图片右边的虚框，在弹出的界面中单击"上传图片"按钮，会继续弹出如图 3.1.19 所示的界面。单击"本地图片"右边的虚框，将前面制作的"背景图片"素材进行相应的修改（建议尺寸为：750 像素 ×370 像素，尺寸不匹配时，图片将被压缩或拉伸以铺满画面）上传到店铺中。

（9）参考扫描的二维码资源"店铺背景页制作"，完成背景图的制作，并上传制作好的背景图，如图 3.1.20 所示。

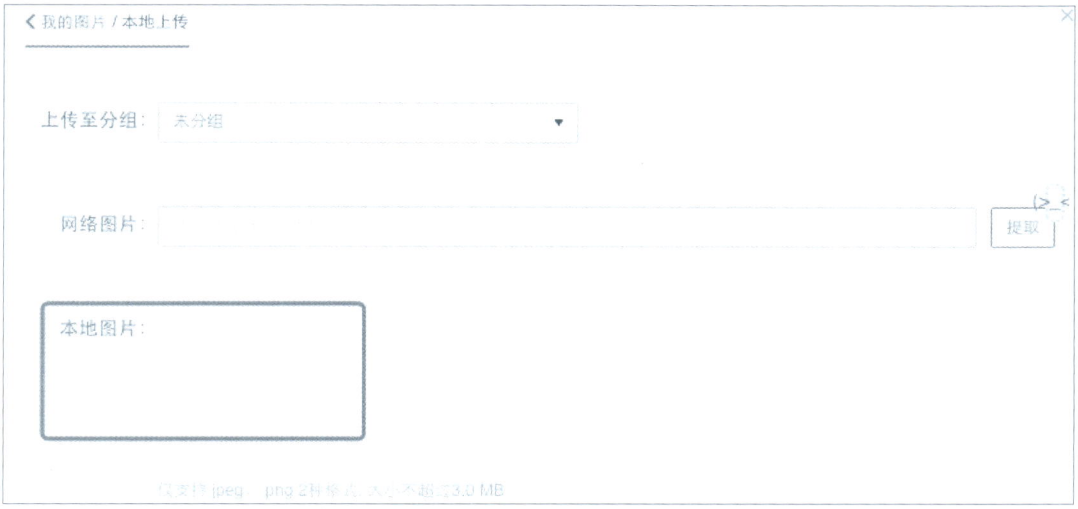

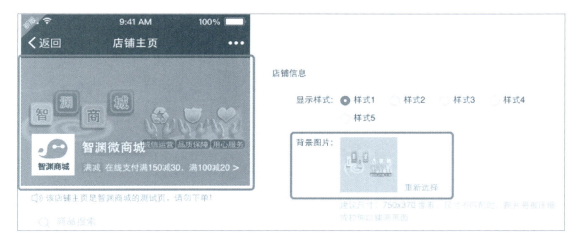

图 3.1.19　上传背景图片

图 3.1.20　修改背景图片

（10）使用类似的方法，在页面中添加其他模块并进行相应设置，即可完成微页面的制作，在此不再赘述。微页面最终效果截图如图 3.1.21 所示。

活动评价

因篇幅问题，店铺主页中店招部分的背景图片，素材中已经提供。可以利用商城自带的背景，也可以根据产品特点自己设计个性化的背景，打造有吸引力的店铺主页。

图 3.1.21　页面最终效果截图

合作实训

1.活动准备

复习或学习平面设计的基础知识。

2.实训任务

由组长分工,完成以下任务:①商量确定小组店铺的 Logo 和背景的设计方案;②给微商城添加店铺 Logo;③使用主页模板,对店铺的主页进行设置。

3.扩展练习

店铺主页还可以通过添加微页面来完成,同时主页模板中还提供了丰富的"添加内容"板块。各组需要建立多个不同风格的主页,如添加"富文本""商品""商品列表""图片广告""魔方"等。

任务 2 ⟫⟫⟫⟫⟫⟫
设置会员主页及店铺导航

情境设计

在前几日的努力下，团队成员已经可以用自己的个人微信号订阅智渊商城了，大家通过手机端查看着自己亲手建立的店铺，很开心，他们兴奋地向许总监汇报这个阶段的成果。许总监笑着告诉大家，这还只是能够看到店铺的 Logo 和主页，装修还没完工呢！桔子说："我知道，我们还需要完成会员主页。会员主页是什么呢？我来告诉大家，会员主页相当于买家中心，主要是用来管理客户资产的页面。通过会员主页，用户可以查看到订单、优惠券、礼品等信息。"许总监赞许地点点头，说道："还有个重要的方面，就是店铺导航。店铺导航类似我们制作网页的超链接，它能够有效帮助用户跳转到各个关键页面，是整个网站的指南针。"大伙查找资料发现，店铺导航是有赞平台开发的功能，它是微商城各个节点的入口，起着关联各个环节的作用，设计的时候一定要有逻辑性。有了任务目标，大家马上进入工作状态。

任务分解

本次任务分为两个活动：①设置会员主页；②设置店铺导航。

活动 1　设置会员主页

活动背景

会员主页类似买家中心，所有的积分、等级和订单详情都可以在此处查看。同时，晓欣发现还可以借助会员主页自主添加的内容模块，将一些促销信息和推广商品推送出来。

▣ 知识窗

会员如何进入会员主页？

①用户可通过店铺页面或商品页面底部的"会员中心"或右上角"我的记录"进入。

②用户关注卖家微信公众号后，可以发送"我的订单"到微信公众号，系统会自动将会员主页链接发送给买家，引导进入。

活动实施

（1）登录有赞商城，单击"店铺"按钮，依次选择"网店装修"→"会员主页"，即可弹出会员主页的设置页面，如图 3.2.1 所示。

（2）在"页面名称"中设置页面的名称，如图 3.2.2 所示；然后单击"背景图"旁边的"修改背景图"，即可弹出如图 3.2.3 所示的修改背景图页面；上传素材库中的"会员主页背景"图片，根据需要可以勾选是否显示等级和积分，显示效果如图 3.2.2 所示。

图 3.2.1　会员主页设置界面

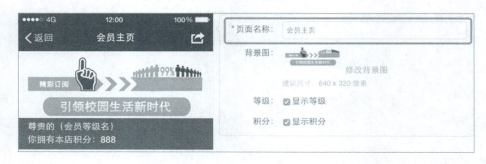

图 3.2.2　修改会员主页背景

图 3.2.3　上传会员主页背景图

小提示

可以选择"用过的图片"、图片库里提供的一些图片,也可以通过网络地址链接到网络图片。一般采用上传自主设计的"会员背景图",图片大小以 640 像素×320 像素为宜。

（3）会员主页的模板中包含了订单、收到的礼物、优惠券和优惠码等功能，它也和微页面一样，还有许多可以自主设置的"添加内容"。添加的内容可以作为会员主页的关联营销，如图 3.2.4 所示，可以给这个会员主页添加"商品"的内容。

（4）单击"商品"按钮，弹出添加商品页面，如图 3.2.5 所示。单击"选择商品"旁边的"+"号，即可添加第一个商品。

（5）在弹出的窗口中"新建商品"，在这里选择"已上架商品"，选择需要在会员主页中推广的产品，单击"选取"按钮即可，如图 3.2.6 所示。

（6）采用同样的方法继续添加两个商品，然后在"列表样式"中对关联营销的产品进行适当设置，这里设置了"详细列表"和"极简样式"，如图 3.2.7 所示。

（7）设置完成后，就可以在电脑端和手机端分别查看会员主页效果，如图 3.2.8 所示。

图 3.2.4　会员主页中添加商品组件

图 3.2.5　添加商品

图 3.2.6　选择需要在会员主页显示的商品

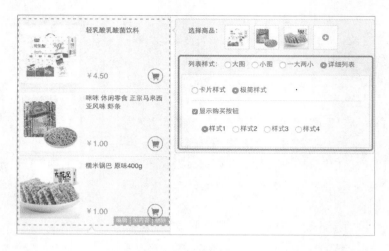

图 3.2.7　设置商品列表样式

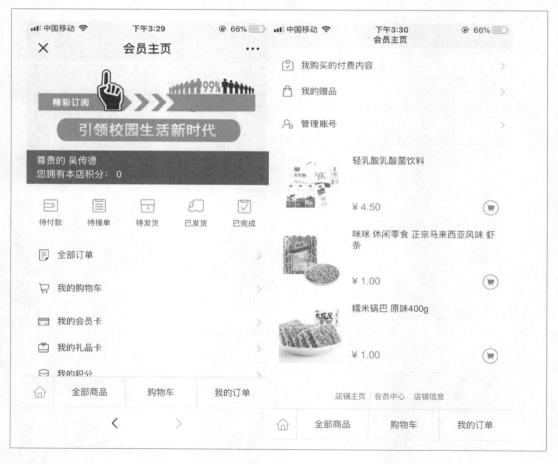

图 3.2.8　会员主页手机端预览

活动评价

　　此活动中，添加了"商品"作为关联营销。会员主页的自主添加内容和微页面一样，可以添加商品列表、图片广告、图片导航和关联链接等，还可以根据需要进行适当添加，但忌添加内容过多。会员主页要讲究简洁，方便用户使用。

活动 2　设置店铺导航

活动背景

　　桔子发现，没有做到足够好的商品关联时，只要团队成员精心设置好网站导航，它就可以让店铺的各个页面串联起来，方便买家在栏目间快速切换，引导买家前往你期望的页面。

活动实施

　　（1）登录有赞商城，单击"店铺"按钮，依次选择"网店装修"→"店铺导航"，即可打开店铺导航的设置页面。单击"未启用"按钮，启用店铺导航，然后单击"修改模板"按钮，如图3.2.9 所示。

图 3.2.9　店铺导航设置界面

　　（2）店铺导航提供 5 种模板，可以根据需要进行选择。在这里选择如图 3.2.10 所示的第二个模板"APP 导航模板"。

　　（3）修改模板。单击"修改模板"按钮，即可对模板的颜色、图标按钮等根据需要进行修改，如图 3.2.11 所示。

　　（4）设置导航链接页面。如图 3.2.12 所示，单击"选择链接页面"，在下拉菜单中为每个图标按钮设置导航链接。"首页"链接的页面是"店铺主页"，采用同样的方法，为"新品推荐"链接"商品及分组"，为"活动"链接"调查活动页"。

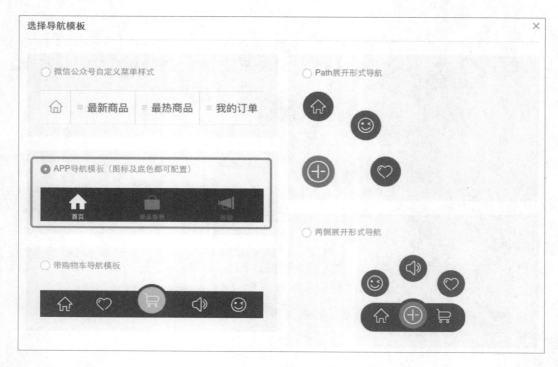

图 3.2.10　店铺导航模板

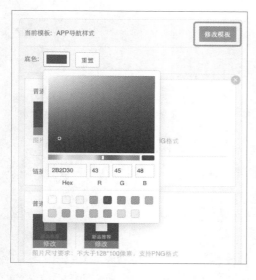

图 3.2.11　修改模板　　　　　　　　图 3.2.12　设置导航链接

（5）添加导航。如果模板中提供的图标不能满足需要，可以通过添加导航来实现。如图 3.2.13 所示，单击"添加导航"按钮。

（6）弹出新的一组导航按钮模板。单击"选择"按钮，即可在图标库中选择图标进行添加，如图 3.2.14 所示。

图 3.2.13　添加导航

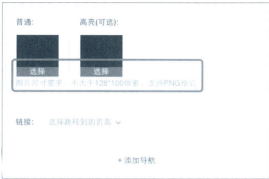

图 3.2.14　添加导航链接中的图标

（7）如图 3.2.15 所示，添加了一个头像按钮的图标，并设置链接页面为"会员主页"，设置完成后单击"保存"按钮。

（8）预览效果。用手机登录智渊网络超市，看到的店铺导航效果如图 3.2.16 所示。

图 3.2.15　将添加的导航链接到会员主页

图 3.2.16　导航链接预览

活动评价

　　店铺导航起着引导顾客浏览店铺的效果。设置店铺导航时，一方面需要有清晰的逻辑，确保每个按钮都能展现最希望顾客看到的信息页;另一方面也要考虑客户的使用习惯,导航按钮要能清晰指示,避免产生混淆。同时,设置店铺导航还需要耐心细致的工作态度。

合作实训

1.活动准备

复习或学习平面设计的基础知识。

2.实训任务

由组长分工,完成以下任务:①会员主页背景的设计方案;②给微商城添加会员主页;③进行店铺导航设置。

3.扩展练习

会员主页中还提供了丰富的"添加内容"板块。通过这些添加的内容,可以在会员主页中推送产品,实现关联营销。各小组选择不同的"添加内容",分别制作 5 个不同的会员主页。组长根据实训内容,结合小组成员特点,进行分工处理,确保按时完成任务。

任务 3 >>>>>>>>>>
制作公共广告

情境设计

通过大家的共同努力,智渊网络超市的团队成员完成了商城主页、会员主页和店铺导航的制作。大家对有赞商城组件化的设计赞不绝口,有了众多内置组件的帮助,不需要很专业的网页知识也可以轻松搭建一个美观的微商城了。许总监和老师们也对大家的作品表示非常满意。

在制作广告时,晓欣发现当需要同时给多个页面添加相同的广告时,工作量变大,而且广告的内容需要经常修改,维护起来也很不方便。

有没有什么办法可以解决上面的问题呢?他们找到了许总监,许总监提醒大家:"你们去试试微商城里的公共广告模块吧"。

任务分解

本次任务活动为制作公共广告。

活动　制作公共广告

活动背景

公共广告是能够展现在页面头部或页面底部的通用广告位,开启之后,可将其应用在微杂志、商品、店铺主页等页面。小威和圆圆决定制作公共广告,对公共广告进行修改后,所有应用公共广告的页面都将同步修改,大大提高了广告维护的效率。

□ 知识窗

1.公共广告可以放置哪些内容

公共广告在页面上起到促销活动宣传、店铺形象展示、关联营销等作用,便于商家快速地在各类页面中放置统一的广告,建议添加商品、公告、营销等内容。

2.公共广告和普通广告有什么区别

两者在内容上是一样的,区别在于公共广告可以在店铺所有的页面上进行显示,而且修改一次,所有的页面也会自动修改。普通广告需要一个一个页面分别添加,维护起来很不方便。

活动实施

(1)登录有赞商城,单击"店铺"按钮,选择"公共广告",即可打开公共广告的设置页面,单击"关闭"开关,即可开启公共广告功能,如图 3.3.1 所示。

图 3.3.1　公共广告设置界面

(2)在设置界面中,根据需要选择公共广告的展示位置和出现的页面。在这里选择了"页面底部",出现的页面全部选中。也就是说制作的公共广告会在所有的页面底部进行展示,如图3.3.2 所示。

图 3.3.2　设置公共广告展示位置和出现的页面

(3)在设置页面中,找到"图片广告"组件和"进入店铺"组件,分别添加到公共广告中,如图3.3.3 所示。

(4)单击"图片广告"区域,打开"图片广告"设置面板。"选择模板"设置为轮播海报,"填充方式"设置为"留白",单击下方的"添加一个背景图"虚框,弹出图片选择界面,选择之前上传的背景图片,如图 3.3.4 所示。

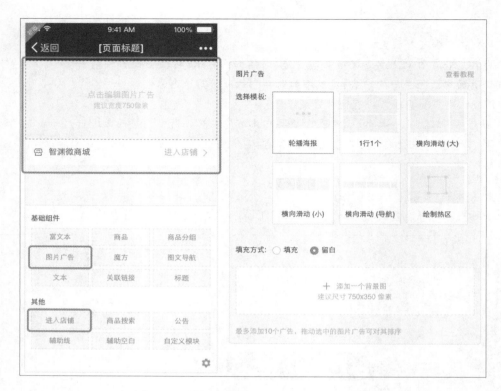

图 3.3.3　添加"图片广告"和"进入店铺"组件

图 3.3.4　添加背景图片

（5）添加好背景图片后，将鼠标移动到"链接"属性处，在弹出的选项中，选择"全部商品"，如图 3.3.5 所示。

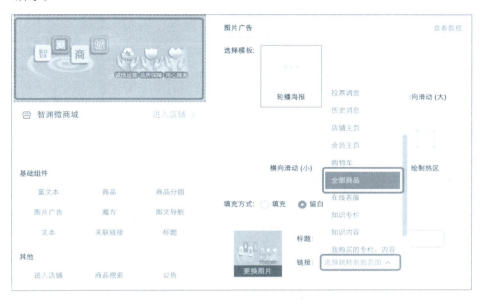

图 3.3.5 添加链接

（6）保存之后，分别访问"会员主页"和"商品页"等页面，发现在这些页面的最下方，都出现了公共广告，如图 3.3.6 所示。

图 3.3.6 公共广告最终效果

活动评价

此案例中,我们给智渊商城设置了一个公共广告。公共广告可以同时在多个页面上显示,便于维护,大大节省了我们发布广告的时间,也避免了广告版本不统一的问题,是我们维护商城的好帮手!

合作实训

1.活动准备

了解常见的广告样式和页面排版,复习或学习平面设计的基础知识。

2.实训任务

由组长分工,完成以下任务:①公共广告海报及排版设计;②制作公共广告。

3.扩展练习

公共广告提供了丰富的"添加内容"板块。通过这些添加的内容,可以让我们的公共广告变得与众不同。各小组选择不同的"添加内容",分别制作 5 个不同的公共广告。组长根据实训内容,结合小组成员特点进行分工处理,确保按时完成任务。

任务 4 >>>>>>>>>
开通及装修小程序

情境设计

在商城运营的过程中,团队成员发现,大部分的客户都喜欢在微信上浏览商城并下单。但有些客户在浏览商城的时候并没有收藏商城链接,下次要访问商城的时候会比较麻烦。

团队成员经过调查和学习发现,现在微信小程序比较火,使用也很方便,只要访问一次就会自动保留访问入口,而且浏览和下单以及装修都和商城基本一致。

说干就干,智渊商城团队的小伙伴们决定开通智渊商城微信小程序,为大家提供更优质的服务!

任务分解

本次任务分为两个活动:①开通小程序;②装修小程序。

活动 1 开通小程序

活动背景

桔子非常关注移动电子商务的新工具的使用,他了解到:小程序是一种全新的连接用户与服务的方式,体验比网页好,比下载 APP 便捷。小程序可以在微信内被便捷地获取和传播,同时具有出色的使用体验。它实现了应用"触手可及"的梦想——用户扫一扫或搜一下即可打开应用。通过制作微商城小程序可以让客户非常方便地访问微商城,改善客户体验,增强客户黏性,有效地提升商城的品牌形象。

　　如何拥有自己的小程序？

　　商家一共有两种方式可以拥有自己的小程序：

　　第一种为自主开发，商家可以自行找设计师、找产品、找技术，学习微信接口文档，经过漫长的开发周期，不定期的技术接口升级，花费昂贵的开发费用来拥有小程序。

　　第二种，商家可以使用有赞的小程序功能，无须自行开发，即可享受专业的技术服务和丰富的营销工具，还支持商家个性装修及海量模板套用两种装修方法。

活动实施

　　（1）登录有赞商城，在店铺后台单击"店铺"，我们发现有赞支持微信、支付宝、百度、QQ 等多种小程序的授权使用。我们以最常用的微信小程序为例，进行小程序的开通与授权。单击如图 3.4.1 所示的"微信小程序"。

图 3.4.1　多种小程序入口

　　（2）如图 3.4.2 所示，如果还没有在微信公众平台注册小程序账号的商家，直接单击图中的"快速注册"，先进行微信小程序注册；已在微信公众平台注册小程序账号，已有小程序账号的商家，单击图中的"授权微信小程序"，进行一键授权有赞生成店铺小程序。

小提示

　　登录微信公众后台，选择微信小程序进行注册。注意：在微信端完成注册、认证、设置小程序信息，主体是"个人"的小程序，不能进行小程序认证，注册时请勿选择"个人"。

图 3.4.2　开通微信小程序

（3）授权微信小程序。如果已经注册微信小程序，单击图 3.4.2 中的"授权微信小程序"，显示授权及发布小程序界面，单击"授权"，如图 3.4.3 所示，进入授权流程，首先使用微信小程序管理员账号扫码进行授权，授权过程中请勾选所有权限以确保小程序功能完整性，然后设置小程序的支付方式，所有准备完成后，提交审核并发布小程序。

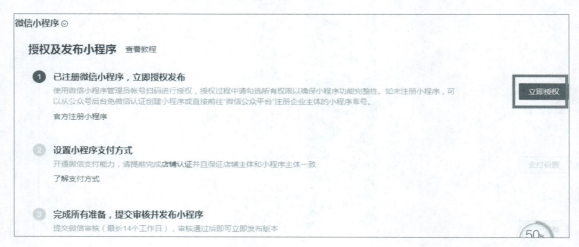

图 3.4.3　授权及发布小程序

扫描二维码，即可查看微信小程序的注册和授权。

注册和授权
发布小程序

活动评价

此活动中，我们给智渊商城开通了小程序。小程序是一种全新的连接用户与服务的方式，体验比网页好，比下载 App 便捷。有了小程序，智渊商城可以在微信内被便捷地获取和传播。买家也可以便捷地访问商城，获取服务，无须安装或下载即可使用。

活动 2　装修小程序

活动背景

　　小程序的装修和商城主页的装修都是使用微页面制作而成,晓欣和桔子决定:可以分别给小程序和商城主页单独制作不同的微页面,也可以使用同一个微页面。

活动实施

　　(1)登录有赞商城,单击"店铺"按钮,选择"小程序装修",即可打开小程序装修的设置页面。单击"设置小程序主页"按钮,如图 3.4.4 所示。

图 3.4.4　设置小程序主页

　　(2)在新打开的"微页面"中,可以看到之前制作的店铺主页,单击右侧"设为主页"链接,在弹出的窗口中选择"小程序主页",即可将该微页面设置为"小程序主页",如图 3.4.5 所示。

图 3.4.5　将微页面设置为小程序主页

　　(3)也可以单独给小程序设置一个微页面。单击"新建微页面"按钮,在弹出的对话框中,单击"基础模板",选择一个自己喜欢的模板,如图 3.4.6 所示。

　　(4)单击"立即应用"之后,即可打开编辑页面,如图 3.4.7 所示。

　　(5)按照前面的方法,对微页面进行编辑,预览无误后保存即可。将其设置为小程序主页,如图 3.4.8 所示。

　　(6)通过扫描二维码的方式,访问小程序主页,得到最终的效果,如图 3.4.9 所示。

图 3.4.6　选择页面模板

图 3.4.7　编辑微页面

图 3.4.8　给小程序主页单独设置微页面

图 3.4.9　小程序主页最终效果

活动评价

此活动中,我们给小程序设置了单独的微页面。一般情况下,小程序主页和店铺主页使用同一个微页面即可。如果店铺做促销活动,可以单独给小程序设置一个微页面。利用好小程序,可以大大提高店铺的品牌形象哦!

小程序主页
效果图

合作实训

1.活动准备

学习小程序的相关知识,复习微页面的制作方法。

2.实训任务

由组长分工,完成以下任务:①开通商城小程序;②制作微页面;③将微页面设置为小程序主页。

3.扩展练习

有赞微商城给我们提供了大量的微页面模板,使用这些预置模板可以帮助我们快速制作出各式各样的微页面。各小组选择不同的模板,分别制作 5 个不同的微页面,并将其设置为小程序主页。组长根据实训内容,结合小组成员特点,进行分工处理,确保按时完成任务。

项目总结

本项目是店铺经营的第三个环节——装修微商店铺。通过本项目的学习,智渊网络超市的团队成员了解到,主要从两个方面来装修微商店铺:一方面从卖家的角度来展示商城,以店铺的Logo、主页设置为主,展示商城文化特色;另一方面要从买家的角度来展示。会员主页是顾客登录的页面,是用户中心,店铺导航主页引导顾客浏览店铺。同时,他们还掌握了公共广告和自定义页面模块的开发方法。通过这两个功能可以大大提高商城页面制作和维护的效率。在小程序装修环节,了解了小程序的作用以及如何装修小程序。在装修中,除了要考虑平面设计中的色彩、布局,还需要考虑从用户体验的角度设置店铺的内容、导航、关联销售等,这些内容和技巧在实际工作中也可以融会贯通,为创业中的店铺装修服务。

项目检测

1.单项选择题

(1)(　　)类似买家中心,所有的积分、等级和订单详情都可以在此处查看。

  A.店铺主页   B.会员主页   C.微页面   D.微杂志

(2)(　　)适合有店铺主页自由搭建基础功底的商家使用。

  A.基础模板   B.通用模板   C.场景导航   D.主页模板

(3)(　　)是 Photoshop 图像最基本的组成元素。

  A.节点   B.色彩空间   C.像素   D.路径

(4)Photoshop 中的路径曲线线段上,方向线和方向点的位置决定了曲线段的(　　)。

  A.角度   B.大小和形状   C.方向   D.像素

(5)以下哪种颜色因为具有促进人们食欲的作用,被广泛运用于餐厅、食品店的装潢设计中?(　　)

  A.红色   B.黄色   C.天蓝色   D.黑色

(6)(　　)只能设置一个,但是可以同时在多个页面上显示。

  A.自定义模块   B.小程序   C.微页面   D.公共广告

2.多项选择题

(1)店铺 Logo 是一家店铺非常重要的文化标识,设计优秀的 Logo,能帮助顾客记住你的店铺。 店铺 Logo 通常由(　　)等组合而成。

  A.店铺名称   B.产品图片   C.宣传文字   D.店铺地址

(2)下面这些店标,属于单独的文字店标的是(　　)。

A.　　　　　　B.　　　　　　C.　　　　　　D.

(3)微页面目前有(　　)三种模板类型。

  A.基础模板   B.场景导航   C.主页模板   D.通用模板

(4)在 Photoshop 中创建选区的工具包括(　　)。

  A.选框工具   B.套索工具   C.路径工作   D.魔术棒工具

(5)在 Photoshop 中路径是由什么组成的? (　　)

  A.直线   B.曲线   C.像素   D.锚点

(6)有赞微商城提供了哪几种版本的小程序? (　　)

  A.微信小程序   B.支付宝小程序   C.QQ 小程序   D.百度小程序

3.判断题

(1)微页面具有超强的可编辑性,它可以指示一个页面,也可以作为店铺的主页,还可以作

为群发的图文消息。( )

（2）微商店标一般有如下几种方式：单独的文字、图案、图案和文字相结合。( )

（3）微页面主页模板的特色是用精美图片和音乐来介绍品牌和商品。( )

（4）色彩的三要素是色相、明度和饱和度。( )

（5）颜色的色相能给人带来不同的冷暖感受,像蓝色就属于暖色系。( )

（6）公共广告修改一次,所有应用公共广告的页面都将被修改。( )

4.简述题

（1）简述有赞商城中的微页面目前有哪几种模板类型。它们分别有什么特点？

（2）简述有赞商城中微信版小程序的申请流程。

5.趣味挑战题

看到条形码你能联想到什么？请说出 5 个与之有共同特征的图形。

项目 4

展示和推广微商店铺

【项目综述】

许总监告诉大家,微信公众平台是一个强大的营销渠道,其后台精准的用户数据分析,可以帮助我们及时、正确地了解客户动向,掌握粉丝概况,包括地域、年龄、职业、性别等基本信息并通过这些数据制订相应营销策略,以便将我们乡村产业振兴下政府扶持打造的特色农产品和服务利用网络营销渠道推广出去。

大伙赋予微信公众号一个个性鲜明的角色,通过这个具有个性的角色来和用户交流沟通,增加用户对店铺的好感和喜爱,加强微店店铺和用户的关系,巩固用户对微店店铺的信任感,他们相信只要客户信任你就一定会心甘情愿产生消费。许总监认为,要懂得倾听用户心声,收集用户反馈的信息,再根据这些信息进行仔细和全面的分析,定制用户喜爱的内容,这样可以增加用户对店铺内容的喜爱和赞赏,口碑也会随之而来。许总监提醒晓欣团队,微商城推出了丰富的营销推广工具,智渊网络超市的商品和促销活动,可以借助微商城平台的推广工具,策划设计有趣的活动,提升人气和流量。

【项目目标】

通过本项目的学习,应达到的具体目标如下:

知识目标

◇了解微信公众平台;

◇掌握分享到朋友圈的推广方法;

◇掌握利用公众号群发信息的方法;

◇懂得设置短视频和多人拼团的营销玩法。

能力目标

◇能完成分享到朋友圈的操作;

◇能够完成微信公众号的群发步骤;

◇能发起短视频和多人拼团的推广活动。

素质目标

◇学会维护人际关系;

◇增强法律意识,提高网络素养;

◇提高营销意识;

◇培养学生对国家乡村振兴战略的认可。

【项目思维导图】

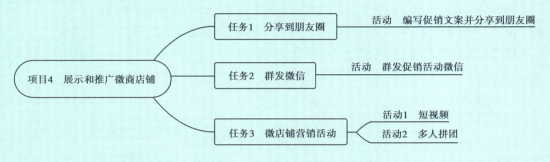

任务 1 »»»»»»
分享到朋友圈

情境设计

　　许总监提示,新店开张,要取得顾客的信任与喜欢,建议把实惠做到实处,这样才能不断地吸收更多的粉丝,把业务做大做强。晓欣按照许总监的建议组织伙伴们策划了智渊网络超市的促销营销活动。当时正值夏季,大伙想出了以"放暑'价'"为主题的促销方案,目的是吸引更多的粉丝,增加公众号的人气。

任务分解

　　晓欣负责策划促销方案并撰写促销文案,圆圆负责根据促销文案进行美工配图,其他成员利用微信把促销活动的内容分享到朋友圈。

活动　编写促销文案并分享到朋友圈

活动背景

　　晓欣拿出一款 2021 年乡村振兴的十大爆款产品和两款大家都非常熟悉的产品(佳洁士盐白牙膏和舒肤佳香皂)进行低价销售。为什么选用大家熟悉的产品? 因为大家比较了解自己熟悉的产品的价格,只有价格明显低于市场价,顾客才能感觉到店铺商品的物美价廉,从而吸引大家关注。晓欣和团队成员共同完成了促销图文消息的发布,并分享到了朋友圈。

□ 知识窗

1.如何在公众号发布图文消息
登录微信公众平台→素材管理→新建图文消息→编辑内容→保存并群发。
2.如何分享到朋友圈
访问要分享的页面→分享图标→朋友圈。

活动实施

（1）标题是文章的眼睛，写好一个标题，是对每一位运营者最基本的要求，好的标题可以激发用户点击阅读的兴趣。

晓欣把本次促销文案的标题定为"放暑'价'啦，夏日嗨起来！"因为时下是夏天，"价"与"假"同音，既有放假的意思，也有放价的意思；"嗨起来"有高兴起来狂欢的意思，与火爆的促销活动相符；从内容上来讲，放价有"低价销售"之意，也会引起顾客的注意。

（2）封面与标题和摘要第一时间呈现在客户眼前，客户是否进一步浏览内容往往取决于封面图。一张美观大气、突出主题和引人入胜的广告图，能提升客户点击率，如图4.1.1所示。

图4.1.1　促销文案封面

（3）摘要，出现在封面下方，内容不宜过多，可以是标题内容的补充，或更吸引眼球的促销语等，在手机端浏览时，以不超过4行为佳。

（4）正文，在微信中创作内容时，要特别注意写作和排版技巧，因为手机屏幕小，过多的文字会降低阅读体验感。所以正文内容一定要简洁精练，还要写得具有较强的专业性，能够给读者带来较大的价值和帮助，要紧跟时事热点，具有与众不同的观点或成功案例，能引起共鸣，激发人的情感。

晓欣的促销活动正文如下：

智渊放暑"价",低价狂潮来袭,嗨翻整个夏日。即日起,智渊网络超市开辟低价专区,天天有低价,还等什么? 快上智渊网络超市尽情选购吧!!!

海南乡村振兴网 2021 年十大爆款产品
澄迈瑞溪牛肉干

海南乡村振兴网 2021 年十大爆款产品。瑞溪当地黄牛肉,纹理清晰可见,香甜可口,越嚼越香。吃牛肉干,品家乡的味道。

推荐理由:推荐指数:★★★★★
市场价:88 元
智渊网络超市价:68 元

某品牌盐白牙膏清凉薄荷 90 g

推荐理由:

某品牌盐白牙膏,特有"盐白配方",经常使用不仅能去除因日常饮食带来的牙渍,恢复牙齿的健康洁白,还可以帮助防止牙渍再生,持久洁白牙齿。再配以天然薄荷精华,能带给您自然清爽的口感和清新持久的口气。

推荐指数:★★★★★
市场价:4.0 元
智渊网络超市价:2.9 元

某品牌薄荷冰怡
舒爽型香皂 115 g

推荐理由:

含"迪保肤"健康成分,有效清洁肌肤表面杂质,保护肌肤健康;特含清凉薄荷,让你在沐浴的同时享受清凉,缓解夏日炎热的不适。

推荐指数:★★★★★
市场价:4.9 元
智渊网络超市价:3.9 元

即日起,分享智渊网络超市微信公众号的任意一篇文章到朋友圈,并把朋友圈页面截图发送到智渊网络超市微信公众号,即可获得 10 元代金券。关注智渊网络超市,获得更多商品优惠和精彩的生活资讯!

（5）编辑并审核内容无误后，保存并群发，在手机端接收预览效果，如图4.1.2所示。

图4.1.2　手机端预览效果　　　　　　　　图4.1.3　分享选择界面

（6）查看全文页面，单击右上角"分享图标"，出现"发送给朋友"（指定一个微信朋友或微信群）、"分享到朋友圈"（自己的微信朋友圈）、"收藏""复制链接"（将该页网址复制到剪贴板）、"在浏览器中打开"（可选择一个指定浏览器）、"分享到手机QQ"等选项，如图4.1.3所示。

（7）选择"分享到朋友圈"，可填入自己此刻的想法，如"这家店真的很便宜，东西也很好！"吸引能看到你朋友圈的朋友浏览和转发。也可设置成谁都可以看或专门提醒某个微信朋友收看，甚至显示所在位置，如图4.1.4所示。

（8）再返回朋友圈，会发现要分享的内容已经出现了。朋友能看到你发的文章，如果朋友觉得你分享到朋友圈的消息有意义，就会转发到自己的朋友圈，以此类推，起到"一传十，十传百"的推广效应。

图4.1.4　填入此刻的想法　　　　　　图4.1.5　二维码的使用效果

（9）朋友圈图文消息附上二维码图片的好处在于可供朋友手机扫码使用或长按图片识别二维码使用,达到引流到微店铺的目的,起到推广的效果,如图 4.1.5 所示。

合作实训

1.活动准备

在手机端安装微信、QQ 等软件,用手机获取微店店铺的网址。

2.实训任务

利用手机加团队成员的微信为好友,设置允许朋友看朋友圈动态。小组长用手机访问微店店铺的主页,把店铺主页分享到朋友圈,然后由团队其他成员点赞并转发。主要包括:①策划促销活动,文案务必附上微店店铺的二维码,利用公众号发布消息,分享到朋友圈;②为了更好地体验推广的趣味性,可进行"看谁获'赞'或'评论'多"的游戏。

3.注意事项

注意发布消息的准确性与可靠性,不得虚假宣传,不得发布违法或不文明的信息。

任务 2 〉〉〉〉〉〉〉〉〉〉
群发微信

情境设计

晓欣在策划一次"818 狂欢促销月"的活动。再过几天就是 8 月 18 日了,大家又紧张地忙碌起来。为了提高工作效率,晓欣计划这次促销活动要充分利用群发功能。

任务分解

这次促销活动总体可分为:①策划编写 818 促销文案;②公众平台编辑图文消息并群发;③利用个人微信群发助手,群发给自己的朋友。

活动　群发促销活动微信

活动背景

我们都知道逢年过节时可以群发信息给亲戚朋友送去祝福,那手机如何群发微信呢? 晓欣策划了 818 狂欢促销活动,利用微信公众平台群发给粉丝,以巩固和维护客户的关系。

▢ 知识窗

1.群发步骤

登录微信公众平台,功能→群发消息→根据需要填写文字、语音、图片、视频、录音等内容后→选择群发对象、性别、群发地区→发送。

2.群发内容类型

微信公众号群发内容大致可以分为七种风格:促销活动型、信息播报型、专业知识型、幽默搞笑型、关怀互动型、文艺小资型、精神情感型。

活动实施

（1）在微信公众平台登录页面，输入账号和密码登录，如图 4.2.1 所示。

（2）进入后台，在左边菜单栏中选择"功能"栏的第一项"群发功能"，如图 4.2.2 所示。

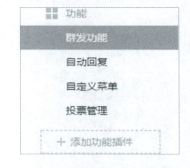

图 4.2.1　微信公众平台登录页面　　　图 4.2.2　微信公众平台功能选项

（3）单击"群发功能"，网页右栏显示内容如图 4.2.3 所示。

图 4.2.3　新建群发消息界面

（4）单击"新建图文消息"，出现如图 4.2.4 所示编辑界面。要求输入标题（标题要吸引眼球）、作者（选填）、封面图片（900 像素×500 像素）、选填封面是否出现在正文中、摘要（选填，该摘要只在发送图文消息为单条时显示）、正文（可设置文字段落样式，可插入图片音视频等，会自动保存）。

图 4.2.4 新建图文编辑界面

推送图文消息内容如下:

标题:

818 狂欢大促,钜惠全城

封面:

摘要:

818 狂欢大促啦! 各类商品低价抢购,超值爆款,劲爆让利,全场 1 元起!

正文:

8.18—8.28

智渊网络超市狂欢大促

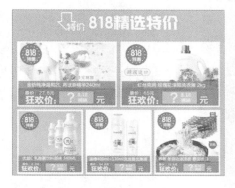

活动效果图

智渊 818 狂欢大促约定你！钜惠全城，惊喜不停！

用手机扫描或长按二维码图片，或单击"阅读原文"进入智渊抢购吧！

（5）图文消息编辑好后，建议发送给指定微信号（最好输入编辑者自己的微信号）预览审核后再保存并群发，如图 4.2.5 所示。因为群发到客户微信后就不能修改，所以必须审核后再群发。

图 4.2.5　发送预览界面

（6）确定准确无误后，点击保存直接跳转到素材管理页面，页面里有以前保存过的信息。每一条保存过的信息下都有一支"铅笔"，单击即再次进入编辑；"垃圾桶"即删除。删除需谨慎使用，一旦删除，辛苦做的东西就没有了。

（7）回到步骤（3），单击"从素材库中选择"，选取刚刚审核过的图文消息进行群发即可。特别注意，现在微信平台发送出去的消息还不能重新编辑和删除，所以切记要审核好后再发出。所有账号都接收到一般需要 10~20 分钟。

（8）手机收到消息后，查看全文，选择右上角的分享按钮，分享到朋友圈。

合作实训

1.活动准备

手机、微信、公众号、微店店铺。

2.实训任务

小组一起商量讨论微店店铺推送消息的内容形式，然后每人交一份初稿，让组员投票，最终得票高的作为推送的消息内容。由其中一名成员进入微店店铺公众号后台，编辑图文消息，发送到项目总监微信号预览，进行审核，审核通过方可群发消息。最终由小组所有成员分享到朋友圈。

3.注意事项

注意发布消息的准确性与可靠性，不得虚假宣传，不得发布违法或不文明的信息。

任务 3 >>>>>>>>>>
微店铺营销活动

情境设计

智渊网络超市周年店庆，微营销团队希望通过让利的方式获取店铺新用户。晓欣和桔子等人研究了微商城后台的 60 种营销玩法，决定推出短视频和多人拼团的营销活动。

任务分解

本次任务主要分为两个活动：①短视频；②多人拼团。

活动 1　短视频

活动背景

微营销团队希望通过让利来获取店铺新用户。最好把优惠做到实处，才能不断吸引更多的新客户和留住老客户，把业务做大做强。晓欣组织伙伴们策划了一个短视频营销活动。

🔲 **知识窗**

短视频是当前最流行的一种营销方式，商家可以通过一段生动有趣的短视频快速对商品进行全面、真实和有效的展示与介绍，轻松的方式让客户更快更准确获取商家需要传达的信息。常见的短视频营销平台有：抖音、视频号、快手、美拍和微视等。

活动实施

（1）操作路径：进入电脑端微商城后台，单击左边菜单，单击"内容"选项，在弹出的子菜单中选择"短视频"，如图 4.3.1 所示。

图 4.3.1　短视频进入页面

（2）创建短视频。单击"添加短视频"进入编辑页面，也可在列表页查看活动效果，并编辑进行中的活动。详细操作如图 4.3.2 所示。

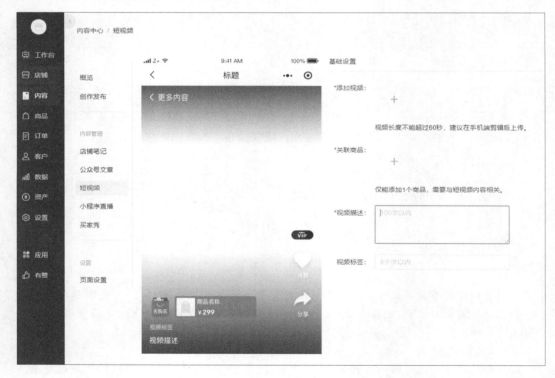

图 4.3.2　短视频编辑页面

（3）编辑短视频。根据页面提示填写信息，即可创建成功，如图 4.3.3 所示。

①添加视频：视频要求大小不超过 150 MB，建议时长不超过 60 s，格式为 mp4。

②关联商品：与视频相对应的已发布商品。

③视频描述：100 字以内的描述，即视频中推介的商品概述。

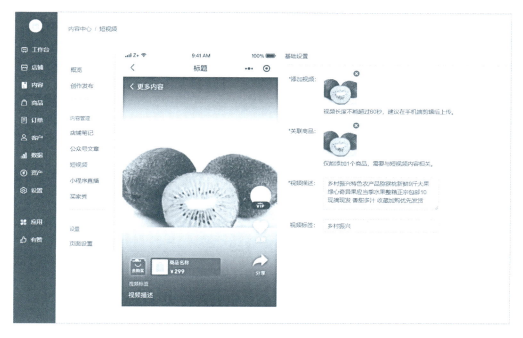

图 4.3.3　短视频编辑

| 狝猴桃资料 | 狝猴桃视频介绍 |

（4）推广短视频。支持通过小程序快速推广活动，吸引用户参加，如图 4.3.4 所示。

图 4.3.4　推广短视频

活动 2　多人拼团

活动背景

  微营销团队希望通过让利来获取店铺新用户，于是他们创建了价格优惠的"5 人老带新拼团活动"，用微信公众号发给了自己的老用户。老用户被优惠的价格吸引，纷纷开团，分享扩散，拉新人成团；新人们看到分享的拼团活动后，也被优惠的价格吸引，纷纷参团。短时间内，活动商品被抢购一空，商家靠这个活动给店里带来了大量的新用户。

▢ 知识窗

功能路径:进入微商城电脑端后台,单击左边菜单栏中的"营销"选项,在右边弹出的子菜单中选择"营销概况",在右边多种营销玩法中选择"多人拼团",如图4.3.5所示。当前营销玩法有60种。

图4.3.5 多人拼团进入页面

活动实施

(1)选择拼团类型。新建拼团活动,如图4.3.6所示。根据活动需求,选择其中一种拼团类型,如"老带新拼团"。点击"立即新建"进入下一步。

● 普通拼团:不论新老客户都可以选择凑团或者拼团购买商品。

● 老带新拼团:所有用户都能开团,但店铺新客才能参团。

图4.3.6 新建拼团活动

(2)基础设置。进入新建页面,设置拼团活动,如图4.3.7所示。

图 4.3.7　设置拼团活动

①活动基本信息。根据以上制订的活动主题,在"活动名称"里填写"818 主题活动",同时"活动时间"设置为 818 当天。注意,活动保存后的活动开始时间不支持二次修改,但结束时间可延长。

②拼团基本信息。如图 4.3.8 所示,根据活动内容,选择"拼团商品"为助农产品"猕猴桃",点击"选择商品",在可用商品库中选择"陕西周至猕猴桃",单击"确定"按钮。

a.不支持酒店类商品、周期购商品、付费会员卡商品类型。

b.支持实物商品、虚拟商品、电子卡券、知识付费、分销商品。

图 4.3.8 选择商品类型

根据选择的商品完成拼团价设置,拼团价必须小于原价,这里填写"18.00"。注意:拼团价保存后,不能修改。

根据活动时间,在拼团有效期内填写"7",代表 7 天。开团后在有效期内邀请足够好友参团则拼团成功,自定义有效期须≥15 分钟且≤30 天。创建后,买家可在拼团详情页看到有效期倒计时。

图 4.3.9 选择商品类型

③活动规则信息。根据本次活动商品的情况及参与力度,可制订相应的"参团人数"(2~100),此处填写"20",即 20 人参加本次团购。同时,可以通过"限购规则"选择每人购买的件数,如图 4.3.7 所示。"优惠叠加"指的是在拼团活动基础上同时享受其他优惠活动,如优惠券和积分抵现。若使用优惠券/码,须在优惠券/码中取消勾选"仅原价购买可用",叠加才会生效,如图 4.3.9 所示。到此,完成"老带新拼团"的基础设置。

(3)高级设置。高级设置部分皆为可选,可根据活动具体情况决定是否设置。包括凑团、模拟成团、团长代收、团长优惠、拼团购买包邮和推荐商品,如图 4.3.10 所示。

以凑团为例,开启凑团后,对于未参团的买家,活动商品详情页会显示未成团的团列表,买家可以直接任选一个参团,提升成团率。

开启之后,商品详情页会显示未成团的列表(20 个),排序按照团差人数,越少的越靠前;离团结束时间越近的越靠前;人数优先于时间。此外,凑团的展现只在商品详情页,下方按钮是我要开团的情况,如果是好友分享,且还能参团的,不会显示凑团。凑团开启后,效果如图 4.3.11 所示。

以上设置完成后,提交保存,促销活动生成。

(4)管理/编辑活动。对已开设的所有拼团活动进行管理。根据不同的状态分别有不同的编辑。

图 4.3.10　高级设置

图 4.3.11　凑团开启页面

拼团活动共有"未开始""进行中""已结束""已失效"4 种状态。其中,"未开始""进行中"的活动可编辑,编辑内容主要是活动时间,结束时间可顺延但不能提前,如图4.3.12 所示。活动"失效"后,活动立即结束且不可再编辑。若未开启模拟成团,未成团订单将自动关闭并退款。若已开启模拟成团,未成团订单将立即模拟成团,已成团订单仍需及时处理。

图 4.3.12　拼团活动的活动状态

"推广"操作,在拼团活动列表页单击"推广",获取拼团活动的链接或二维码,发送给好友推广拼团商品,如图4.3.13 所示。

(5)处理多人拼团订单。买家支付成功,成功开团后,拼团订单会单独归类至多人拼团订单。

商家可登录店铺后台 PC 端,单击左边菜单的"订单",在弹出的子菜单里选择"所有订单",在右边的订单类型里选择"多人拼团订单",如图4.3.14 所示。

订单状态与常规订单比较,多一种类型订单为"待成团"类型订单,订单在此状态中,不支持买家申请退款,商家也不可发货,需要成团后才能操作。

直到订单状态至商家待发货,才可以发货,如图4.3.15 所示。

图 4.3.13　分享推广活动二维码

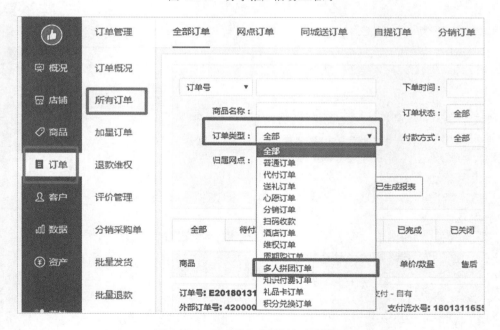

图 4.3.14　设置"多人拼团订单"类型

图 4.3.15　多人拼团订单页面

　　（6）分享拼团订单。买家购买成功后，进入分享页面，买家单击"邀请好友参团"即可三种方式进行分享。分别是通过微信直接将链接发给指定好友或群；通过复制链接，发送给其他平台的好友，如 QQ；通过分享海报或单击邀请码，长按下载拼团邀请码，发送给好友。好友长按或扫描二维码，即可参与拼团，如图 4.3.16 所示。

合作实训

　　1.活动准备

　　全班分成若干小组，并且每两个小组配对，组成合作任务搭档小组。

　　2.实训任务

　　小组分工一起策划发起两种营销活动，其中第一小组以洗漱用品为促销商品，针对这次店庆活动，发起瓜分券营销活动，创建短视频，并设置好相关参数，借助朋友圈好友关系，裂变获取流量。第二小组负责发起多人拼团营销活动，按照上面的操作步骤，同样以洗漱用品为促销商品，发起多人拼团活动，并且合理设置好拼团的相关参数。两个小组互相比较营销效果。

　　3.注意事项

　　比较过程中适当调整活动的营销方案，向总监提交阶段性的营销成果。

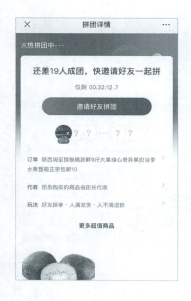

图 4.3.16　拼团分享

项目总结

本项目是在完成店铺装修、产品上架后，基于微信公众平台的推广与展示，介绍了如何分享到朋友圈，如何利用微信及公众号进行群发推送消息，如何利用微信公众平台维护客户日常关系，引导客户浏览，使用多人拼团和瓜分券的营销手段，达到最佳的展示与推广效果。

项目检测

1.单项选择题

（1）拼团活动中，推广方式不包括（　　）。

　　A.微信小程序　　　B.QQ 小程序　　　　C.小红书　　　　D.推广链接与二维码

（2）群发图文消息的封面图片建议尺寸为（　　）像素。

　　A.900×500　　　　B.500×900　　　　　C.950×750　　　D.750×950

（3）群发图文消息的标题上限为（　　）个字节。

　　A.16　　　　　　　B.32　　　　　　　　C.64　　　　　　D.128

（4）普通订阅号不支持哪些功能类型？（　　）

　　A.纯文字　　　　　B.纯图片　　　　　　C.纯语音　　　　D.纯视频

（5）短视频基础设置中必须填写的内容不包括（　　）。

　　A.视频标签　　　　B.视频描述　　　　　C.关联商品　　　D.添加视频

（6）多人拼团有效期最长是（　　）天。

　　A.16　　　　　　　B.30　　　　　　　　C.3　　　　　　　D.60

2.多项选择题

（1）单击分享图标后，手机屏幕中会显示哪些选项？（　　）

　　A.QQ 空间　　　　　B.朋友圈　　　　　　C.复制链接　　　D.好友

（2）公众平台群发都支持哪些内容？（　　）

  A.文字　　　　　　　B.语音　　　　　　　C.图片　　　　　　　D.视频

（3）关于公众平台群发消息的规则，下列说法正确的是（　　）。

  A.订阅号在 1 天内只能群发 1 条消息

  B.服务号 1 个月内可发送 4 条群发消息

  C.上传至素材管理中的图片、语音只能群发 1 次

  D.群发图文消息的标题上限为 64 个字节

（4）公众平台设置了关键字自动回复，设置的关键字"优惠"为未全匹配，"1"为全匹配，那么公众号对客户发送过来的下列哪些消息会自动回复？（　　）

  A.优惠活动　　　B.优惠　　　　　C.1　　　　　　D.11

（5）用户参与瓜分的每个红包，是（　　）个人才能打开。

  A.3　　　　　　　B.4　　　　　　　C.5　　　　　　　D.6

（6）多人拼团的凑团是按（　　）来排序的。

  A.时间　　　　　　B.人数　　　　　　C.随机安排　　　　　D.订单额度

3.判断题

（1）微信不能群发。　　　　　　　　　　　　　　　　　　　　　　　　（　　）

（2）只有微信才可以分享到朋友圈。　　　　　　　　　　　　　　　　　（　　）

（3）没认证的订阅号要手动输入外链地址。　　　　　　　　　　　　　　（　　）

（4）微信公众账号可以有 4 个一级工菜单。　　　　　　　　　　　　　　（　　）

（5）所有类型的微信公众账号都可以群发图文消息。　　　　　　　　　　（　　）

（6）多人拼团的模拟成团是以团长开团时间开始计算的。　　　　　　　　（　　）

4.简述题

（1）买家下单后消息通知是怎么设置的？

（2）多人拼团支持哪些支付方式？

（3）简述关键词自动回复功能中全匹配与未全匹配的区别。

5.趣味挑战题

以小组为单位申请微信公众号，自定义一个健康的主题，招揽粉丝，看哪组的粉丝多。

项目 5
微商交易与物流

【项目综述】

晓欣带领团队成员在探索学习中完成了注册店铺、选择发布商品、装修店铺以及一系列推广工作。经过一段时间的合作与磨合,无论是队员间的沟通交流,还是任务分配都已经形成一套方法。而"智渊商城"也在团队的合作下逐渐完善,被校园内广大师生所认识,收到了第一笔订单。怀着激动的心情,团队成员开始研究最后一个领域——交易与物流。

为了便于同学们的实践操作,本项目将选取微店平台为例进行讲解。微店为方便广大消费者进行更便捷的购物,提供了3种支付方式,基本涵盖了当今网购支付的所有便捷方法,使消费者更简单方便地购买微店的商品。同时,订单管理模块也提供了各种订单设置、评价管理、交易及物流三大方面。本项目主要讲解订单管理中的交易与物流,让同学们掌握如何对收入进行提现操作,如何处理各种退款订单,如何选择快递公司,对订单的商品如何打包发货。晓欣将最后的任务分别派给组内的队员,到此,微店正式开始运作。

【项目目标】

通过本项目的学习,应达到的具体目标如下:

知识目标

◇掌握微店的支付方式;

◇学习收入提现的方法;

◇熟悉退款流程与技巧;

◇熟悉物流配送的流程与操作。

能力目标

◇能成功完成订单支付;

◇能够成功提现;

◇熟练处理各种退款;

◇熟练完成商品的打包与发货。

素质目标

◇培养严谨的工作态度;

◇培养团结、协作的团队意识。

【项目思维导图】

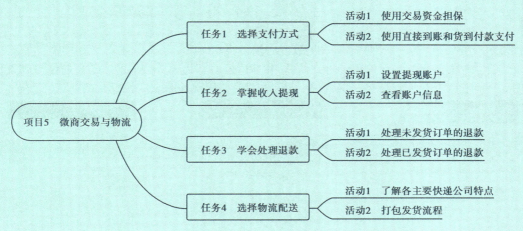

任务 1 »»»»»»
选择支付方式

情境设计

晓欣团队完成了"智渊商城"的装修与发布,同时开展了全面的线上线下推广。很快,微店陆续收到了一些线上线下的提问,其中以如何支付为主。晓欣团队发现,微店为了方便客户完成支付,提供了多种形式的支付方式给买家自由选择,其中包括交易资金担保、直接到账、货到付款等方式。经团队商量后,晓欣作为店铺的直接负责人,承接了了解、宣传各种支付方式与开通的重要工作。

任务分解

本次任务主要分解为两个活动:①使用交易资金担保;②使用直接到账和货到付款支付。

活动 1 使用交易资金担保

活动背景

"智渊商城"创建至今,接收订单货款使用的一直是微店默认开通的交易资金担保。交易资金担保服务,可以为买家提供微信支付、银行卡支付等方式。

微店的交易资金担保是指微店替买卖双方暂时保管货款,直至买家确认收货的安全交易服务。交易资金担保有助于吸引陌生买家下单,提高销售额。微店的交易资金担保为微店默认交易方式,无须开通与关闭。

活动实施

（1）查看微店的交易方式。登录微店店长版 APP，单击"智渊商城"的店铺头像，进入店铺管理。在"店铺管理"页面中单击"交易设置"，即进入支付交易方式设置页面。店铺设置中"交易资金担保"为默认开通状态，微店还提供"货到付款""直接到账""分期支付""极速支付"和"微信支付"5 种支付方式，其中"分期支付"和"极速支付"需要开通微店商城版才能使用，"微信支付"不需要进行微信签约就能进行使用，"货到付款"和"直接到账"均为"未开通"状态。店铺管理页面如图 5.1.1 所示，交易设置页面如图 5.1.2 所示，支付设置界面如图 5.1.3 所示。

图 5.1.1　店铺管理页面　　　图 5.1.2　交易设置页面　　　图 5.1.3　支付设置界面

（2）买家支付界面。买家选购商品确认购买后，便进入微店的支付界面。使用交易资金担保支付的操作步骤请扫描二维码进行观看。

确认订单要选择收货方式，收货方式有"快递""外卖（同城配送）""自提"3 种，在交易资金担保的支付方式中可以看到，买家能自由选择微信零钱和银行卡两种支付方式，如图 5.1.4、图 5.1.5 所示。

使用交易资金
担保操作

图 5.1.4　确认购买页面　　　　图 5.1.5　买家支付页面

（3）银行卡支付的使用。首次使用银行卡支付，要求买家添加新银行卡，可以直接填写持卡人本人银行卡号，也可以选择"40家银行支持免输入卡号添加"选择所要添加的银行卡类型，进行刷脸验证成功后就可绑定银行卡进行支付，如图 5.1.6、图 5.1.7 所示。

图 5.1.6　添加银行卡页面　　　　　图 5.1.7　免输卡号快速添加页面

买家完成银行卡绑定后再次购物，只需将支付方式选择已绑定的银行卡，输入支付密码就可以完成付款。

注意：买家选择信用卡支付将会产生交易手续费，并由卖家承担，交易手续费按订单金额（含运费）进行计算，在订单完成后，扣除订单金额的1%后再入账给卖家。

（4）微信支付和银行卡支付的使用。买家确认订单并开始支付时会出现付款选项，可以选择常用的微信零钱或银行卡支付，支付返回账单如图 5.1.8、图 5.1.9 所示。

图 5.1.8　微信零钱支付账单页面　　　图 5.1.9　银行卡支付账单页面

（5）交易资金担保订单的到账时间。

①买家确认收货。通过"交易资金担保"方式付款，货款会在买家单击"确认收货"后的次日自动提现至商家的银行卡。

②系统自动确认收款。如果卖家发货后7天买家未确认收货，且没有提出投诉，系统会在卖家发货后7天自动确认收货。系统会在自动确认收货前至少24小时短信提醒买家及时处理订单。

活动小结

交易资金担保交易是微店默认开通的支付方式，用以保障买卖双方的交易安全，有效解决了交易中的信用问题，促进了成交。交易资金担保提供的微信零钱和银行卡支付，为买家的支付提供了便捷，提升了客户体验。

活动2　使用直接到账和货到付款支付

活动背景

晓欣团队通过近期观察，发现在智渊商城的交易中，买家使用网上支付的成交额居多，但并不是所有买家都开通或愿意从网上支付，在这些客户中，有一定数量的人是习惯使用货到付款的。另外还有一群客户是晓欣团队成员的熟人，他们大多愿意直接付款，不通过担保交易的方式下单。针对这两类客户的需求，晓欣团队开通了直接到账和货到付款两种支付方式。

🔲 知识窗

1. 直接到账

直接到账是指买家付款后，货款会在交易次日自动结算至卖家店铺，是一种很便捷快速的付款方式，多用于朋友、熟人之间的交易，不建议陌生买卖双方使用。

2. 货到付款

货到付款是指买家下单时"不在线付款"，由快递公司上门送货时，再向买家代收货款的业务。微店仅提供相关交易功能，收款和结算需自行联系快递公司。

活动实施

（1）开通直接到账。

晓欣团队的微店刚起步，许多订单都是熟人购买，因此他们开通了直接到账的支付方式。

开通直接到账的支付方式需要卖家完成主体认证，并且是店铺安全等级符合要求的卖家才能开通。

店铺主体认证
操作视频

①主体认证。主体认证操作步骤请扫描二维码观看。登录微店店长版App，点击"店铺管理"→"主体认证"，选择店铺主体类型，店铺主体类型有"个人商户"和"企业商户"两种，进入店铺主体认证页面，选择证件类型，添加证件照片，填写正确的证件姓名、证件号码、有效期、手机号码等即可完成主体认证，提交资料之后，微店工作人员会在2～4个工作日内审核，审核通过后方可使用，如图5.1.10—图5.1.13所示。

图 5.1.10　店铺管理入口

图 5.1.11　主体认证入口　　　图 5.1.12　选择店铺主体类型页面

图 5.1.13　店铺主体认证界面

图 5.1.14　直接到账入口

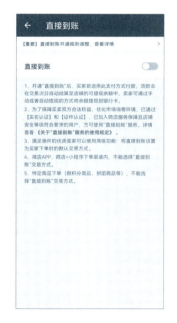

图 5.1.15　直接到账设置页面

②开通直接到账。完成主体认证后,可登录微店店长版 App,单击"店铺管理"→"交易设置"→"直接到账",可进行开通与修改,如图 5.1.14、图 5.1.15 所示。

小提示

　　微积分商品、微团购、限时秒杀等不能选择直接到账交易方式。

（2）开通货到付款。

晓欣在智渊商城中开通了货到付款，买家下订单时可以选择货到付款，晓欣团队安排人员配送。买家开箱验货无误后，送货人员向买家收款并与卖家结算费用。其间微店不参与配送和货款代收服务。

①开通货到付款。登录微店店长版 App，单击"店铺管理"→"交易设置"→"货到付款"，即可开通或关闭货到付款功能，如图 5.1.16、图 5.1.17 所示。

图 5.1.16　货到付款入口　　　　　　　图 5.1.17　货到付款设置页面

②货到付款功能的使用。开通货到付款后，买家下单时可选择货到付款的方式进行支付。如果买家选择了货到付款，下单将不会在线付款，需要卖家自己联系快递公司来代收货款，代收的货款由快递公司直接收交卖家，不经过微店处理，且不会提现至卖家绑定的微店账户。

活动评价

支付方式有很多种，不同的支付环境下，买家会根据自己的情况选择适合的支付方式。晓欣团队为了方便买家，开通了多种支付方式，这种从用户角度出发的做法，使他们的微商城很快发展起来。

合作实训

1.活动准备

各小组成员需要准备一张银行卡（信用卡或储蓄卡）。

2.实训任务

各小组启用自己微店中交易设置的直接到账和货到付款功能，各成员以买家身份进行支付测试,了解启用后各支付功能的使用步骤。

3.注意事项

注意增强保密意识,防止银行卡信息外泄。

任务 2 》》》》》》》》》
掌握收入提现

情境设计

晓欣在微店经营中不断学习,她了解到现金流是企业生产经营活动的第一要素。企业只有持有足够的现金,才能从市场上取得生产资料和劳动力,为价值创造提供必要条件。团队的运营需要成本,同样,"智渊商城"的运营也需要不断投入,将交易产生的收益再次投入下一轮的店铺经营中,才能实现价值的再创造。因此,通过商品推广后产生的订单等微店经营收入,晓欣需要进行收入提现。本次任务将由团队中的圆圆负责,且看圆圆能否顺利提取收入。

任务分解

本次任务分解为两个活动:①设置提现账户;②查看账户信息。

活动 1　设置提现账户

活动背景

在提现前,负责提现的圆圆认真核对了团队使用的银行卡账号并查询了银行卡开户行的信息。信息确认无误后,即可设置提现账户。

活动实施

(1)设置提现账户。进入微店店长版 App,单击"收入资产"→"我的银行卡"进行设置,填写银行卡号、手机号码和验证码即可完成设置,如图5.2.1—图5.2.3 所示。

如果不清楚微店所支持的银行有哪些,可单击"支持的银行卡列表"进行查询,如图 5.2.4 所示。

(2)选择收入资产类别。接收提现的银行卡设置好以后,就可以提现了。在微店中,收入资产分为两类:一类是普通收入;另一类是佣金收入。

①普通收入。普通收入是卖家经营店铺所产生的订单收入,可以查看"可用金额(元)""待结算(元)"和"已提现(元)"。其中,"可用金额"为已完成的订单的金额次日将转入可用金额,"待结算"为"交易中"和"结算中"的订单金额,如图5.2.5 所示。

②佣金收入。佣金收入指的是分销商使用有店分销系统代理了总店的商品成交后,获得的分成、佣金、招募奖励金、一级抽佣等皆结算到佣金收入。提现金额必须大于 1 元,如图5.2.6 所示。

图 5.2.1　订单收入入口

图 5.2.2　收入资产页面

图 5.2.3　绑定银行卡

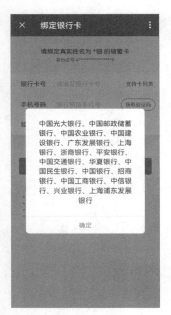

图 5.2.4　支持的银行卡

图 5.2.5　普通收入提现入口

图 5.2.6　佣金收入提现入口

（3）手动提现的具体操作。微店目前默认的是手动提现机制，历史自动提现的功能已下线。进入"收入资产"模块，单击"收入资产"，会看到资金结算和提现页面，提现区所显示的是"可用金额"，也就是订单结算完成后可用于提现的金额，如图 5.2.7、图 5.2.8 所示。

在"收入资产"页面中，单击"提现"按钮，进入提现页面，如图 5.2.9 所示。按要求选择要到账银行卡卡号和提现金额，单击"提现"，即可完成钱款的提现操作。

图 5.2.7　收入资产模块

图 5.2.8　收入资产提现

图 5.2.9　提现页面

当需要将所有可提现金额全部提现时,在提现金额填写栏的右边,单击"全部提现",就可以方便快捷地提现全部可用金额。

页面显示提现成功后,微店将会处理提现,并短信通知银行卡账户存入钱款。

手动提现需要卖家人工操作,提现成功后 1~2 个工作日内到账卖家账户绑定的银行卡。

(4)绑定/更改/解绑银行卡。提现前需要先绑定与店铺信息一致的银行卡,绑定后可以更改和解绑已有的银行卡号,在收入资产页面即可进行相关操作,设置好银行卡信息就可以申请提现,如图 5.2.10—图 5.2.13 所示。

图 5.2.10　未绑定银行卡状态

图 5.2.11　已绑定银行卡状态

图 5.2.12　绑定银行卡

图 5.2.13　解绑银行卡

活动评价

晓欣把智渊商城在微店中的款项提现转到了银行卡上。提现其实也挺简单的,只要准备好相关的信息,按照提示操作,就能很快完成,一般两个工作日后资金就打到卡上了。卡上有了资金,晓欣可以到批发市场去采购物品了。

活动2　查看账户信息

活动背景

晓欣团队在进行一段时间的经营后,陆续产生了一些订单收入。账户上的资金有进有出,团队需要对这段时间的经营状况进行评估,并对资金做结算,这就需要对账户上的收支明细、提现情况等有一个了解。

小提示

微店提供了交易资金担保以及货到付款和直接到账三种支付方式,由于货到付款收入是由快递公司代收货款后直接交付给卖家,并未进入微店账户,因此不显示在收入/提现中。

活动实施

(1)登录店铺。使用正确的账号密码登录微店店长版 App。

(2)进入“收入资产”页面。单击“收入资产”,进入“收入资产”页面。

(3)在“收入资产”页面查看“收支明细”,如图 5.2.14、图 5.2.15 所示。

图 5.2.14 收支明细查询入口

图 5.2.15 收支明细查询页面

在"收支明细"页面中,微店提供了多种收支明细的查询条件:可以在"全部"中查看所有收支情况,可以在"收入"中查看账户收入明细,可以在"支出"中查看账户的支出明细,也可以在"冻结/解冻"中查看账户的资金冻结和解冻明细。在微店网页版中,用户还可以单击"资产"菜单,选择"收支明细",单击"导出报表",将 Excel 明细表下载到电脑上查看,对订单进行更好地分析,为下一步经营决策做好准备,如图 5.2.16 所示。

图 5.2.16 微店网页版收支明细

（4）查看提现记录。在微店店长版 App 中，提现记录可以在收入资产中的"已提现"一栏中查看，如图5.2.17、图 5.2.18 所示。

图 5.2.17　查看提现明细

图 5.2.18　已提现明细

如果想根据不同时间段查看详细的提现记录，可到微店网页版"资产"中单击"提现记录"进行查看，还可以下载查询结果，如图 5.2.19 所示。

图 5.2.19　微店网页版提现明细

（5）查看待结算资金。在"收入资产"中单击"待结算"即可查看待结算资金，如图 5.2.20 所示。当账户资金处在"交易中""结算中"等状态时，这些资金会出现在待结算选项卡中，单击便可查看详细订单信息，方便商家了解资金的去向，如图 5.2.21 所示。

图 5.2.20　查看待结算的资金

图 5.2.21　查看待结算订单

活动评价

微店提供了很便捷的收支明细查询功能,晓欣发现,通过对订单进行各种条件的收支明细查询,能够方便地了解订单的来源、客户下单时间、使用的支付方式等,对他们做客户和产品分析非常有用。

合作实训

1.活动准备

各团队先线下整理近一个月内的订单及收支明细。

2.实训任务

小组完成各组在微店店铺的资金明细查询。包括:①查询收支明细;②查询待结算金额;③将线上的查询结果与线下的进行比较,看看是否相同,如不相同请找出原因。

3.注意事项

完成任务需要成员细心核对每笔收支情况,做好分工。

任务 3 》》》》》》
学会处理退款

情境设计

在大家的努力下,"智渊商城"的知名度越来越高,订单量也大大增加。交易量扩大了以后,他们也不断碰到新的挑战。晓欣发现,并不是每个订单都能顺利完成交易,例如:有些热销的商品很快卖断了货,顾客下了订单后没能及时发货;有些商品尺码或颜色不全等,这些都有可能导致买家选择退款或退货。在这种情况下,晓欣作为商城的负责人,除了加强进销存管理之外,还要让团队中负责店铺客服工作的桔子知道如何应对买家提出的退款申请并进行处理。

任务分解

本次任务主要分解为两个活动:①处理未发货订单的退款;②处理已发货订单的退款。

活动1　处理未发货订单的退款

活动背景

买家李治平通过微店提供的支付方式付款后,晓欣尚未发货。而李治平付款后发现该店有另一款商品更符合自己的要求,于是与智渊商城的客服桔子商量,客服同意李治平取消该订单并申请退款,再重新拍下另一款商品,智渊商城在接到李治平的退款申请后同意退款。

知识窗

买家申请退款的规则:

①买家申请退款,商家应于7天之内处理,若超过7天未处理,则系统自动达成退款协议,并将退款金额原路退回至买家的支付账户。

②为避免交易纠纷,建议商家先与买家线下协商一致再退款。商家处理退款之前,买家有2次修改退款信息的机会。

③若拒绝了买家的退款,买家可修改退款原因、退款金额和退款说明后再次提交。

④若同意了买家的退款,所退金额将原路退回至买家的支付账户。

活动实施

(1)进入订单管理页面。首先,登录微店的店铺后台,选择"订单管理"模块,进入"订单管理",如图5.3.1、图5.3.2所示。

(2)查看订单详情。单击图5.3.2中需要查看的订单,进入该订单的详细信息,此页面显示交易进度流程、订单状态、订单信息。其中订单信息包括订单号、付款方式、买家收货信息,如图5.3.3所示。

(3)查看退款。单击图5.3.3中"待商家处理退款",根据买家退款申请详情,单击"同意退款"或者"拒绝退款"两个按钮,选择是否同意退款处理。卖家同意后,资金直接通过微店原路退回到买家支付账户中。处理退款订单,如图5.3.4、图5.3.5所示。

小提示

在卖家发现有退款订单出现,并决定是否退款前,应该先与买家进行有效的沟通,以此了解买家退款的原因,从而不断提升店铺的商品和服务质量。同意退款后,可查询退款进度,如图5.3.6所示。如拒绝退款,则需要填写拒绝的原因,必要时上传相应的凭证照片,如图5.3.7所示。

图 5.3.1　订单管理入口

图 5.3.2　订单管理页面

图 5.3.3　订单详情页面

图 5.3.4　退款处理页面图

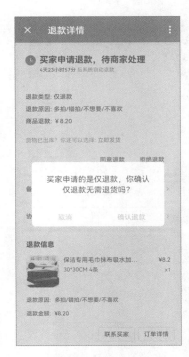

图 5.3.5　同意退款

图 5.3.6　同意后显示退款进度

图 5.3.7　拒绝退款

在微店网页版中,退款信息会在订单管理的"退款|售后"位置显示,可直接单击进入处理订单退款,如图 5.3.8 所示。

图 5.3.8　微店网页版订单管理页面

活动评价

　　未发货订单的退款其实是比较简单的。因为不涉及商品的快递费及商品的退货接收等手续。在买家提出退款申请时,只要是未发货,卖家都会同意退款,操作起来也比较方便、简单。

活动 2　处理已发货订单的退款

活动背景

　　买家赵若非和刘小霞在智渊商城选购了商品后通过微店提供的支付方式付款,智渊商城作为卖家已发货。此时两位买家都已经收到了货,但却因为不同的原因发起了退款。智渊商城的小伙伴们会怎么处理呢?

活动实施

　　(1)查找订单。进入微店店长版 APP,选择"订单管理";找到需要办理退款的订单,单击查看详情;如果在订单较多的情况下,可通过搜索商品、订单号、收货人姓名、收货人手机号、物流单等信息快速查找,找到相应的订单。查找订单,如图 5.3.9 所示。

　　(2)在线退款处理。

不退货仅退款的
订单操作视频

　　①不退货仅退款的订单。具体操作步骤扫描二维码进行观看。买家赵若非收到的货物比网上描述的尺寸不一样,与智渊商城的客服桔子沟通后,桔子发现确实是发错了货,将 30 cm × 30 cm 的抹布发成了 30 cm×70 cm 的,因此与买家协商退买家 2.2 元差价。于是,买家赵若非在订单中发起了已收到货仅退款的申请。智渊商城同意了该买家的退款申请,如图 5.3.10 所示。

图 5.3.9　退款中的订单　　　　　图 5.3.10　查看退款详情

②退款退货的订单。另一位买家刘小霞收到商品后,发现自己拍错了商品,收到的实物并不是自己想要的那一种,于是申请了退款退货,桔子查看到刘小霞的退款申请,便主动与她联系沟通,了解了其退款的原因后,按照 7 天无理由退换货的服务准则,智渊商城同意了刘小霞的退款申请,如图 5.3.11 所示。

(3)选择/添加退货地址。在同意买家退货时,智渊商城需要添加退货地址,如图 5.3.12 所示,买家需根据卖家提供的退货地址寄回商品。

图 5.3.11　退款退货申请　　　图 5.3.12　选择退货地址　　　图 5.3.13　退货状态

（4）查看退款进度。同意退货申请后，可以看到退款的进度详情，如图 5.3.13 所示。当买家填写了退货物流信息后，卖家就可以等待收货并处理退款了，这时可选择"直接退款""同意退款"或"拒绝退款"，如图 5.3.14 所示。

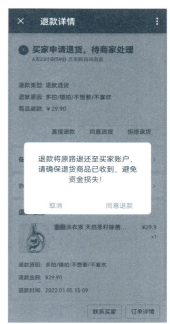

图 5.3.14　买家已退货　　　　图 5.3.15　收到退货同意退款　　　图 5.3.16　直接退款给买家

（5）退货商品收货后的退款处理。当收到买家寄来的退货商品并检查无误后，便可同意退款，此时钱款将直接退回买家的付款账户，如图 5.3.15 所示。如寄来的退货商品有问题，不能退款，则单击"拒绝退款"，填写拒绝原因，上传相关凭证照片。有时，在与买家协商退货后，已经收到了买家的退货，但买家因各种原因无法填写退货物流信息导致商家不能"同意"或"拒绝"退款，此时便可使用"直接退款"功能，将申请退款的金额直接退到买家账户，而不需要买家填写退货物流信息，如图 5.3.16 所示。

小提示

处理退款时，卖家要注意仔细核对订单情况，确认是否是需要办理退款的订单，以免误操作带来麻烦。

活动评价

退款是在网店经营中一定会遇到的一个问题，只要卖家本着诚信经营、为顾客着想的理念，良好、热情的退货服务也是吸引买家成为商城回头客的一个因素。

合作实训

1.活动准备

团队分成两个小组：卖家组和买家组。

2.实训任务

买家组购买商品,通过微店提供的支付方式付款后,卖家组设置已经发货并且订单已被物流标记签收。此时,买家组对商品有争议,经与卖家协商,卖家组同意退回部分和全额货款。

针对以上情境,请同学们分别以两个身份编写一段退款谈判的聊天记录,尽量将情况说明并写出合理的解决方案。

3.注意事项

在微店买卖过程中,交易双方常用微信与直接通话两种方式进行交流。因此,同学们在设计退款交易谈判时,应注意标准客服用语的运用。

任务 4 〉〉〉〉〉〉〉〉
选择物流配送

情境设计

物流是消费者购物体验的重要环节。晓欣团队在进行微店运营时发现,选择物流配送也是很关键的。相关数据显示,因送货逾期或丢失以及订单无故取消导致的消费者投诉占电商行业所有投诉的40%,而物流不力在一些大型促销活动中表现得尤为明显。在微店上开店,除了上门自取不涉及配送,其余都需要打包和配送。对于新开店的晓欣团队来讲,物流成本无疑成为一个重要问题。针对不同地区、购买不同商品的客户,选择使用怎样的物流配送模式及物流公司对客户满意度及整个微店的运营都有很大的影响。因此,晓欣团队认真地对现在各主要物流公司及配送模式进行了解,以便为顾客选择合适的物流公司,提高顾客满意度。

任务分解

本次任务分解为两个活动:①了解各主要物流公司特点;②打包发货流程。

活动1 了解各主要快递公司特点

活动背景

关于物流配送,团队成员都有一定的了解,但大家认为要从顾客的角度出发,选择能让顾客满意的物流配送。因此,需要对市场上的主要快递公司进行了解,熟悉他们的服务模式特点,以便为顾客选择更好的配送服务。

▢ **知识窗**

选择物流公司合作的十大标准:

①企业规模与品牌。公司的员工、营业额、服务网点数目,在业内的口碑、形象。

②企业的资质。是否经过官方正规的资质认证,如获得 AAAA 级物流企业、诚信物流企业、航空金牌代理认证等。

③专业化程度。是否拥有专业的物流人才,采用专业的操作流程、服务程序等。

④网络及分布。全国自营的营业网点分布是否合理、密集度高,能给客户带来最直接的便利。

⑤增值服务。是否提供各种附加服务,如保价运输、代收货款、包装、上门接货、送货上门、签收回单等,解决客户的后顾之忧。

⑥运作质量。是否拥有严格的运作质量标准,对破损率、丢失率、签单返回率、发车(到货)准点率等有严格的指标把控,保障客户的货物安全。

⑦时效与安全。是否能够做到准时发车、准时到达、准时配送。

⑧服务质量。销售人员、服务人员是否有较高的服务意识、专业的服务形象、积极的服务态度等。

⑨网络信息化。信息技术是实现高效管理的工具,是否具有较强的运营保障系统、条形码标示、办公自动化、物流信息同步化等。

⑩性价比。物流公司所提供的物流服务的质量与其运输价格的比值是否对等。不能单从价格选择,更要看其同时所提供的增值服务与反馈的满意程度是否合乎高等级物流公司的要求。

活动实施

(1)调查常见的快递公司。为了选择能让顾客满意的物流配送,小威通过调查发现,以下几家主流快递在自己学校附近都设有营运点。现在主流的快递公司有申通快递、顺丰速运、EMS、宅急送、圆通快递、天天快递、韵达快递、中通快递、百世汇通等。小威通过调查发现,以上几家主流快递在自己学校附近都设有营运点。

(2)了解快递价格。小威了解快递价格主要通过以下几种方式:打电话询问各快递公司;在网上查询在本地区的快递价格;咨询本地快递收发点的效果哪家最好。同时,小威发现,以卖家的名义去谈价格,根据业务量还有一定的优惠。

(3)熟悉物流网点。来商城浏览的客户,来自全国各地,然而每家物流公司的市场覆盖率是有所不同的。因此,在没有网点的地区,商品只有通过当地小型快递公司转运才能送达。所以,发货之前,小威需要先要确认一下,哪家快递公司是可以送到的。查询方法是到快递公司的网站查看目的地是否有网点,对于比较偏僻的地方可以向快递公司电话确认,以免出现无法送达的情况。

(4)设置快递价格。在设置快递价格一定要充分针对自己商品的情况,小威发现商品利润高的运费可以适当降低,产品利润不高的运费就得保持行业水准,要保持店铺基本利润。当然,利润够高时可以通过免邮增强买家的购买欲望。

(5)选择快递公司。快递公司的选择必须满足配送速度、价格适中和良好服务三个方面。小威在发货时必须根据买家要求、配送地址和价格等因素,综合考虑最终选择合适的快递公司。开店初期,选择快递要对比自己的产品情况,多选几家并合作一段时间,从而确定长期合作的快递公司。

活动评价

智渊商城作为一家新的校园超市,商品种类繁多,因此快递公司的好坏决定着顾客回头率的高低。小威在多次与快递公司人员沟通后发现,要在物流上节约成本,必须了解每家公司的详细情况,并经过多次使用才能决定与店铺长期合作的公司。

活动 2　打包发货流程

活动背景

选择好快递公司后,可以保证商品在合理的价格下,以最好的服务和最快的速度送到买家手中。由于快递公司在配送过程中,对快递件的处理程度不同,假如商品包装不恰当,容易在配送过程中破损。因此,在商品转交给快递公司前,商家应先对商品进行合理包装,并填好快递单,再等待快递人员上门收件。

活动实施

晓欣正计划采购一批水果通过智渊微商城进行销售,水果是易损品,因此对水果的包装就需要更加仔细。下面以水果的包装为例,且看小威如何处理。

（1）选择箱子。根据水果的种类、大小、数量和顾客要求等因素,分别使用不同的箱子。常用的打包箱有泡沫箱和瓦楞纸箱两种。

①泡沫箱,如图 5.4.1 所示。

● 保温性能好:冰袋封箱 48 小时未完全融化,适合长途运输生鲜食品等。

● 经济性能优:泡沫质量轻,价格实惠,快递运输时可以减少运输成本。

● 物理性能好:泡沫盒质地相对较软,不会对产品造成损伤,且韧性非常好,不易碎,能对数码产品、玻璃、水果等起到很好的防震效果。

● 安全放心:采用全新 EPS 原料,颜色纯白,安全无毒,适合各种食品的包装、运输。

②瓦楞纸箱,如图 5.4.2 所示。

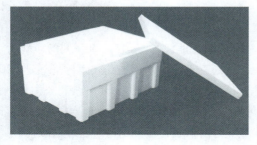

图 5.4.1　泡沫箱

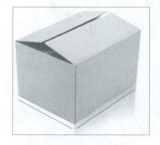

图 5.4.2　瓦楞纸箱

● 经济方面:瓦楞纸箱重量轻,价格便宜,可以大规模生产多种尺寸,使用前储存空间很小,并能印刷各种图案。

● 结构方面:由单层或多层波浪形的瓦楞纸板和平坦纸黏合而成,结实耐用。

● 性能方面:瓦楞有良好的抗压强度和防震性能,能承受一定的压力、冲击和振动。

● 优点:抗压防震、适合印刷、易于成形、重量较轻、利于环保、成本低廉。

（2）打包水果。由于水果属于易损品,因此每个水果尽量单独包装,如此便可避免水果在运输过程中因碰撞而损坏。同时为了保持水果的新鲜,可适当增加冰袋的使用。水果包装常用工具,见表 5.4.1。

表 5.4.1　常用水果包装工具

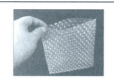 气泡袋,防震,保护易损品	 网套,常用作水果保护套	 透明塑料包装盒,适用颗粒型水果
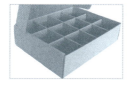 井字格,便于水果单独存放	 空气袋,具有缓冲功能, 可作为填充包装	 冰袋,用于海鲜水果等食品保鲜

（3）填写快递单。

①传统快递单——四联面单。

商品打包完成后,就可以填写快递单了。每家快递公司的快递单都是不一样的,但所填写内容几乎大同小异,主要内容有寄件人信息（寄件公司、寄件人、地址、联系电话）、收件人信息（收件公司、联络人、地址、联系电话）、寄件人签名三栏,如图 5.4.3 所示。剩下的托寄物详细资料（托寄物内容、数量）、体积重量、业务类型、附加业务类型、费用、地区代码、付款方式、收派员信息都是由快递员填写。最后收件人签收则由发件人填写。

图 5.4.3　常用快递单

②新型快递单——电子面单。

随着电子商务平台和物流服务信息化飞速发展,面单号(或称运单号)成为物流服务商串联快递单、订单、商家、商品等各种信息的枢纽。相比之下,传统纸质面单价格高、信息录入效率低、信息安全隐患等方面的劣势已越发凸显。电子面单的普及已是大势所趋。

所谓电子面单,是指使用不干胶热敏纸按照物流公司的规定要求打印客户收派件信息的面单,在行业内也被称为热敏纸快递标签、经济型面单、二维码面单等。

电子面单服务,是指由快递公司向卖家提供的一种通过热敏纸打印输出纸质物流面单的物流服务。具体流程是当卖家产生销售订单并产生物流需求时,卖家可在绑定物流面单号后,生成物流面单信息,并通过热敏纸打印输出纸质物流面单。与传统面单相比,最直接的区别在于电子面单是通过热敏纸、热敏打印机进行面单打印的,没有复写联,只有上下联,如图5.4.4所示。

图5.4.4　电子面单

使用电子面单打印效率比普通纸质面单提升60%~90%,成本只是传统面单的1/5。传统纸质面单发货,需要操作者将已打出的快递单和订单信息核对匹配后再发货,而电子面单在订单信息申请快递单号的时候就已完成了订单匹配,不需要再一一核对,大大节省了时间。电子面单还可以通过二维码隐藏收件人的隐私信息,避免消费者个人隐私泄露。运单和拣货单使用同一张热敏面单,没有复写联,只有上下联,大幅提高了拣货效率。如出现打印失误或热敏运单损坏等情况,仅损失热敏纸张,不会造成运单整体损坏,该运单编号依然可以使用。电子面单与传统面单的区别如图5.4.5所示。

要使用电子面单进行发货,可以联系快递网点申请开通线下电子面单,准备好热敏纸和专用打印机,使用快递单打印软件打印即可。电子面单粘贴效果如图5.4.6所示。

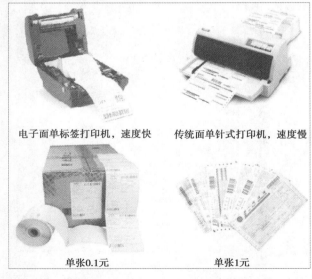

电子面单标签打印机,速度快　　传统面单针式打印机,速度慢

单张0.1元　　单张1元

图5.4.5　电子面单与传统面单的区别

图5.4.6　电子面单粘贴效果图

（4）在微店中操作发货。在"订单管理"模块中单击要发货的订单，进入该订单的详情页面，单击右下角"发货"按钮，进入发货页面。填写对应的快递单号与快递公司，单击"发货"即可完成，买家也将在他的订单中看到订单已发货。虚拟商品等不需要物流运送的订单，在发货时选择"无须物流"即可完成发货，如图 5.4.7—图 5.4.11 所示。

图 5.4.7　订单管理页面

图 5.4.8　订单详情页面

图 5.4.9　填写快递信息

图 5.4.10　无须物流的发货

图 5.4.11　发货成功的订单

小提示

快递与物流的区别：

快递收费是按千克收取，收费贵，速度快。物流收费一般是按吨收取，收费便宜，速度慢。两者之间的联系表现在两个方面：一是物流包括的范围广，快递属于物流，是特殊的物流方式，快递与物流是相辅相成的；二是快递与物流都依赖交通工具，通过运输实现物流和快递目的。

活动评价

有买家下单购买商品后并不代表完成了销售任务，下单的商品是否能够快速、安全到达买家手中才是最重要的一步。因此，对商品的打包与选择物流公司配送是一个重要的环节，在开设店铺前期必须做好准备。

合作实训

1.活动准备

制作一张快递公司情况调查表。表中主要调查内容包括快递公司名称、网点覆盖范围、收费、配送速度、服务等方面。

2.实训任务

分组完成，每组同学负责2~3家学校附近的快递公司，通过填写快递公司情况调查表，比较一下它们的收费、服务等。

3.注意事项

在调查中，注意文明礼貌，不要随意公开调查信息。

项目总结

本项目主要是交易与物流方面的工作。当店铺成功开设并迎接第一个订单后，紧接着就涉及交易与商品如何配送的问题。在本项目中，分别通过设置支付方式为顾客提供多种支付途径；为商家介绍了如何将收入进行提现，实现资金的灵活流通；通过各种退款操作，让客服人员认识到如何与客户沟通处理，并从中找出问题，不断完善服务；最后通过物流公司的介绍与选择，让我们清楚如何让一件商品快速安全地送到顾客手中。

本项目的所有工作不但需要对商品有充足的了解，还要培养工作人员与客户的沟通能力、协调能力与解决问题的能力，同时要学会如何对商品进行包装并根据商品选择适合的快递公司。要做好这部分工作，并没有捷径可走，必须依靠不断的努力与经验的积累。

项目检测

1.单项选择题

（1）店铺后台的"交易设置"功能在（　　　）模块里面。

　　A.店铺管理　　　　　　　　　　B.订单管理

　　C.商品管理　　　　　　　　　　D.收入资产

（2）手动提现方式中，资金需要（　　）个工作日打到卡上。

  A.5~6　　　　　　B.7~8　　　　　　C.3~4　　　　　　D.1~2

（3）卖家发货后（　　）天内，买家可以申请退换货。

  A.5　　　　　　　B.7　　　　　　　C.3　　　　　　　D.1

（4）（　　）不是微店为买家提供的支付方式。

  A.交易资金担保　　　　　　　　　　B.直接到账

  C.银行汇款　　　　　　　　　　　　D.货到付款

（5）买家申请退款后，卖家超过（　　）天未处理，则系统自动达成退款协议，并将退款金额原路退回至买家的支付账户。

  A.5　　　　　　　B.7　　　　　　　C.10　　　　　　　D.15

2.多项选择题

（1）以下属于微店可用的支付方法有（　　）。

  A.银行卡支付　　　　　　　　　　　B.货到付款

  C.支付宝支付　　　　　　　　　　　D.微信支付

（2）在微店的店铺后台，收支明细有哪几种形式？（　　）

  A.全部　　　　　　　　　　　　　　B.冻结/解冻

  C.收入　　　　　　　　　　　　　　D.支出

（3）以下哪种情况可以申请维权？（　　）

  A.收到的商品出现质量问题　　　　　B.付款后未收到商品

  C.卖家未履行承诺　　　　　　　　　D.收到商品后拆除了标签

（4）打包时，为了填充多余空间，一般使用以下哪种物料？（　　）

  A.棉花　　　　　　　　　　　　　　B.气泡袋

  C.报纸　　　　　　　　　　　　　　D.空气袋

（5）查找订单时，可通过搜索（　　）等信息快速查找，找到相应的订单。

  A.商品　　　　　　　　　　　　　　B.收货人姓名

  C.订单号　　　　　　　　　　　　　D.收货人手机号

3.判断题

（1）对于买家，信用卡支付与银行卡支付两种支付方式是一样的。　　　　　（　　）

（2）微店的商户，在交易过程中，每笔交易商家需要承担2%的手续费。　　（　　）

（3）商品打包由商家与快递公司双方完成。　　　　　　　　　　　　　　　（　　）

（4）买家下订单后，订单的所有商品，任何时候都可以申请退款。　　　　　（　　）

（5）未发货的订单不可以进行退款。　　　　　　　　　　　　　　　　　　（　　）

4.简述题

请简述商家从收到一个水果订单到水果送到客户手中，中间的工作内容及流程。

5.趣味挑战题

店铺接到新订单并对订单中的商品进行打包，请说明打包过程中所使用的材料及作用，完成以下表格填写。

商品名	商 品	包装材料及作用
玻璃水杯		
柠檬茶 250 mL×6 盒		
冰皮月饼		
水蜜桃		
不锈钢饭盒		

项目 6
服饰类微商综合案例

【项目综述】

　　水牛城服装广场位于南方某服装名镇,紧挨着汽车总站,邻近服装生产基地可谓交通便利,地理位置优越。但随着电商的不断深化发展,竞争不断扩大加剧,以及受到突如其来的新冠疫情的影响,水牛城服装店铺遭到了前所未有的冲击。水牛城的商户们纷纷响应当地党委政府提出的"重振虎威"的号召,携手转战水牛城服饰微商平台。

　　经过校企合作的校方推荐和考核挑选,商户们把开发这个项目的具体工作交由智渊职业技术学院电子商务专业的学生——桔子来完成。身为在校实习生的桔子曾参与"微商城"平台的创建与运营,他决定在"微店"平台上为水牛城的商户们创建移动商城。他是否能够利用所学知识和自身能力进行服装微商城装修及商品发布、服装营销与推广、服装交易管理及绩效考核这一系列工作,进而顺利帮助水牛城的商户们打赢这场翻身仗呢?

【项目目标】

通过本项目的学习,应达到的具体目标如下:

知识目标

　　◇明确服饰类微商城装修的工作内容;

　　◇学习服饰类微商的营销推广。

能力目标

　　◇能进行服饰类微商城装修与商品发布的方法;

　　◇能进行服饰类微营销项目的线上线下营销推广途径;

　　◇能进行服饰类微商城的交易管理;

　　◇应用服饰类微营销的绩效考核指标。

素质目标

　　◇培养整体项目的策划营销创新能力,团队整体高效协作的工作意识;

　　◇培养项目中解决问题的执行力以及精益求精的爱岗敬业精神;

　　◇培养在现实的经济问题中的勇于担当意识与锐意进取的劳模精神。

【项目思维导图】

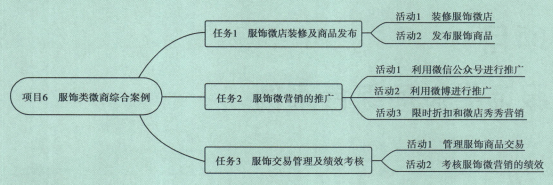

任务1 》》》》》》》
服饰微店装修及商品发布

情境设计

　　水牛城的传统销售方式优势不再,业绩下滑,商户们急切需要改变这种状况,扭转颓势。要想成功打造水牛城服饰微商平台,帮助商户们重新打开服饰销路,桔子及其团队任重而道远。在和商户的交流合作中,桔子团队提出的针对服饰产品进行推广促销及其网店装修的建议得到了绝大多数商户的肯定,商户们纷纷提供了许多样品和其他建议供桔子团队参考使用。

任务分解

　　本次任务主要分解为两个活动:①装修服饰微店;②发布服饰商品。

活动1　装修服饰微店

活动背景

　　在进行此项工作前,桔子就目前的移动电子商务领域里使用的移动智能终端进行了解,也对服饰行业的网上店铺进行了对比和分析,项目的风格和内容规划得到了水牛城商户的一致肯定。

活动实施

　　(1)注册微店店长账户,并在微店店长版手机 App 上输入真实的姓名和身份证号码进行实名认证,如图 6.1.1 所示。

图 6.1.1　实名认证

（2）输入账号、密码登录进入首页，如图 6.1.2 所示，左边是"店铺装修"等功能模块。

图 6.1.2　微店首页

（3）单击如图 6.1.3 所示的"店铺装修"按钮，进入店铺的装修设计阶段。

图 6.1.3　微店装修界面

（4）在店铺装修阶段上传店铺头像，输入店铺名称，编写店铺公告，最后单击"应用到店铺"，如图 6.1.4 所示。

图 6.1.4　店铺装修过程

小提示

①在店铺的装修阶段首先要想好店铺的名称。店铺名称是买家直接看到的店铺的名字，名字起得好不好事关能不能给买家留下深刻的第一印象，尤其是服装类店铺。店铺名称一旦认证后不可修改。

②服装店如何起名？要看经营的是男装还是女装，若经营男装，店铺名字可以阳刚一些；若经营女装，最好是非主流的词语，这样更吸引人，如能给人无限遐想的"公主梦想"。

③店名太俗、太长、太生僻都不是上佳之选。服装店的名称要让买家一眼就能判断出这是卖服装的，而不是卖水果的。本教材以出售青春女装"伊之恋坊"为例。

（5）单击"店铺招牌"，选择"小店铺招牌"，拖动到中间，如图6.1.5所示。

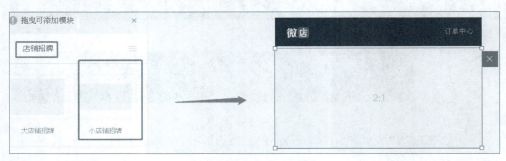

图6.1.5　小店铺招牌

小提示

在微店装修提供的"大店铺招牌"和"小店铺招牌"中可以根据实际需要选择一个拖动到中间，本教材以选择"小店铺招牌"为例。

（6）重新上传店铺招牌图片，单击"应用到店铺"按钮，如图6.1.6所示。

图6.1.6　上传店铺招牌

（7）单击"店长信息"按钮，选择"居中样式"拖动到中间，依次上传店长头像、填写店长昵称和微信号（微信号为选填内容）、编写店长标签，然后单击"应用到店铺"确定，如图6.1.7所示。

图 6.1.7　店长信息界面

（8）单击"商品"按钮，选择展示模式拖动到中间，然后单击"应用到店铺"确定，如图6.1.8所示。

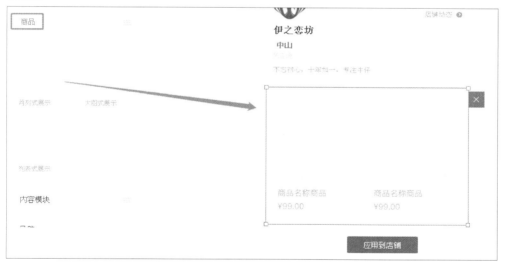

图 6.1.8　商品展示模式

（9）单击"内容模块"按钮，选择"标题/内文组合"拖动到中间，编写好标题和内文，然后单击"应用到店铺"确定，如图6.1.9所示。

（10）单击"导航"按钮，选择"文字导航"后拖动到中间，通过"新建导航"填写好导航名称，设置导航链接，然后单击"应用到店铺"确定，如图6.1.10所示。

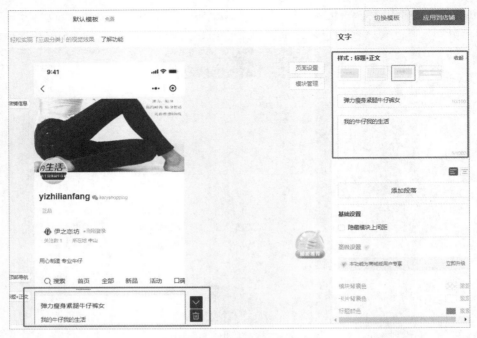

图 6.1.9　内容模块装修界面

图 6.1.10　导航模板选择

（11）单击"广告"按钮选择"轮播广告"，将其拖动到中间位置，如图 6.1.11 所示。

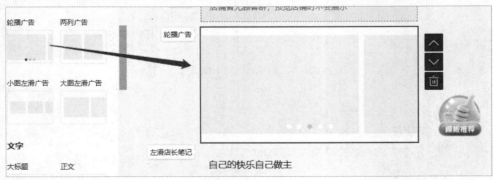

图 6.1.11　轮播广告

（12）单击"新建广告"按钮，分别上传两张或两张以上图文广告并添加广告链接（选填），然后单击"应用到店铺"确定，如图 6.1.12 所示。

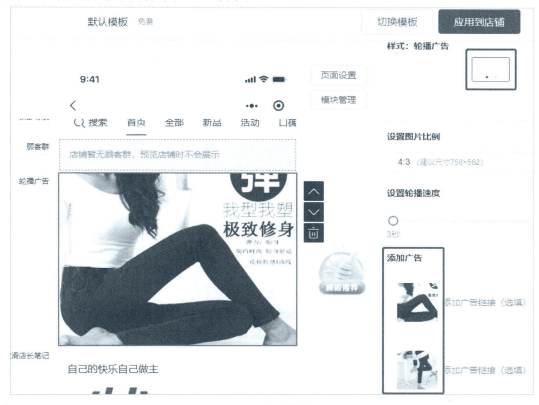

图 6.1.12　广告模式设置

（13）单击"店长笔记"按钮，选择"滑动式展示"并将其拖动到中间位置，如图 6.1.13 所示。

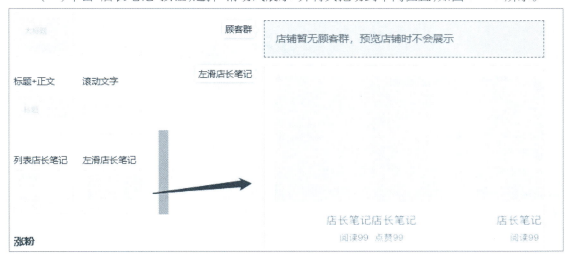

图 6.1.13　选择店长笔记展示模式

（14）编辑好"列表名称"，单击"添加店长笔记"，选择第一条笔记单击"确定"按钮，然后单击
"应用到店铺"确定，如图 6.1.14 所示。

图 6.1.14　添加店长笔记

（15）在弹出的对话框中单击"预览店铺"，如图 6.1.15 所示。预览效果如图 6.1.16 所示。

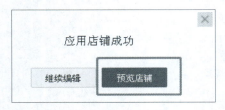

图 6.1.15　选择预览店铺

图 6.1.16　店铺预览

活动小结

桔子发现，店铺的装修并不难，通过拖曳可添加任何模块，页面设计的自助模块丰富。但是
要突出服饰类店铺的特色，就要充分发挥想象力和设计才能，使用微铺宝提供的工具模块搭建出
有个性、有特色、有内涵的页面。微店装修后台编辑非常方便，手机端店铺装修设置完后，手机端
和网页端支持同步预览。

活动 2　发布服饰商品

活动背景

　　微店开好后就可以发布商品了。在这一活动中,服饰类商品属于实物类,需要大量的商品图片。桔子得到了商户们的大力支持,他们纷纷向桔子提供了很多服饰类商品的高清晰美图。接下来桔子就要遵循"店铺后台—添加商品"这一路径进行商品发布了。

　　这一活动概括起来就是三件事:选择商品分类;编辑商品基本信息;编辑商品详情。

知识窗

　　当完成了店铺的装修后,接下来就是将服饰产品上传到微店,也就是服饰类产品在微店上的发布环节。

活动实施

　　(1)通过浏览器登录微店首页,输入个人信息进入自己的个人店铺,如图 6.1.17 所示。

　　(2)在微店首页单击"添加商品"按钮,进入商品发布界面,如图 6.1.18 所示。

　　(3)单击"+"添加商品图片,撰写商品标题,选择商品类目"女装/女士精品→牛仔裤",如图 6.1.19 所示。

　　(4)往下滚动纵向滚动条,添加型号分类分别为"尺寸"和"颜色",尺寸设 S、M、L 和 XL 4 个码,颜色分黑、白、蓝3 种,为每种尺码颜色组合设定价格 "199" 和库存"100",如图 6.1.20 所示。

图 6.1.17　登录界面

图 6.1.18　微店首页

小提示

　　商品分组要预先设置。

　　(5)往下滚动纵向滚动条,运费设置为"包邮"(免运费),开售时间设为"立刻开售",商品详情设置为"自动生成商品详情",其他选项设置默认,如图 6.1.21 所示。

　　(6)单击"上架出售"按钮,如图 6.1.22 所示。

图 6.1.19　添加商品

图 6.1.20　商品基本信息编辑

图 6.1.21　基本信息页编辑

图 6.1.22　商品的上架

小提示

①图 6.1.19 至图 6.1.22 属于同一个页面,这 4 个步骤都属于编辑商品基本信息。在此编辑过程中,商品规格可以自定义,直接在选框中输入你想要的规格文字,鼠标单击下拉框中的文字即可。

②商家编码是选填项,它可用于对接 ERP 系统。

③运费的模板要预先设置,选择"统一邮费"为"0"元,即免邮费。

④在编辑商品详情页环节,可以尝试一下每一个"添加内容"的组件,找到适合自己的组件,这样就可以做出很棒的商品详情页了。完成了这一步,一件商品就发布成功了。

（7）回到微店首页,单击"商品管理"查看刚刚上传的商品,此时可以进行编辑、下架、删除操作,如图 6.1.23 所示。

图 6.1.23　出售中的商品

活动小结

桔子发现,虽然商品的发布是一个简单的过程,但是需要填写的信息内容比较繁多,要提前做好充分的准备,要有足够的细心和耐心。每成功发布一件商品,就是为商品的交易奠定了基础,心里总是有不小的喜悦。

服饰商品上传

合作实训

1.活动准备

组建团队:班级推选若干组长,作为团队负责人,各组长通过招募或自由组合的方式,将班级分成若干小团队。

2.实训任务

小组一起商量确定自己团队的店铺的装修风格和所需要的模板,设定新品标题名、商品来源、显示的数量、商品发布时的分类等内容,并对外保密。由组长分工和带队,各组完成在微商城的装修和服饰商品发布。它主要包括:①会进行服饰微商城的店铺装修;②会对服饰类商品进行分类发布;③会对发布的服饰商品的基本信息和商品详情进行编辑。

3.注意事项

注意从服饰类商品特性的角度思考问题,了解商品命名和分类规则,提高商品的创新设计能力,突出商品的不同之处,以吸引网上消费者。

任务 2 »»»»»»»
服饰微营销的推广

情境设计

店铺的开通与装修、商品的成功发布让水牛城的商户们和桔子团队都看到了扭转乾坤的希望。但仅有店铺和商品是不够的,网上商品的成功交易还需要很多方法和技巧,所以桔子接到的第二个任务——服饰微营销的推广,让他更加不敢松懈,他深知越到最后环节越关键。

任务分解

本次任务分解为3个:①利用微信公众号进行推广;②利用微博进行推广;③限时折扣和微店秀秀营销。

活动 1 利用微信公众号进行推广

活动背景

当季新推出一批牛仔系列产品,而购买牛仔系列产品的消费对象以追求时尚潮流的年轻人为主,这一消费群体玩转微信,因此利用微信公众号进行牛仔服饰产品推广成为首选。

活动实施

(1)在微店首页,单击"营销"按钮,进入营销推广管理,如图6.2.1所示。

图 6.2.1　微店首页

（2）单击"公众号管理"按钮，开始打理你的微信公众号，如图 6.2.2 所示。

图 6.2.2　选择微信公众号

（3）单击"已有公众号，立刻绑定"按钮，进入微信公众号绑定操作，如图 6.2.3 所示。公众号绑定的操作方法与项目 1 的微商城公众号绑定方法类似，详细步骤参考素材资源"项目 1/ 微店绑定公众号"。

图 6.2.3　微信公众号的绑定

（4）微信公众号绑定后，在微信公众号首页依次单击"自动回复"按钮，选择"关键词回复"，开启自动回复按钮后单击"添加回复"，如图 6.2.4 所示。

图 6.2.4　关键词回复

小提示

通过编辑内容或关键词规则，快速进行自动回复设置。开启自动回复之后，将立即对所有用户生效。

（5）添加关键词回复内容，包括规则名称、关键词、回复内容、回复方式等，如图 6.2.5 所示。

图 6.2.5　添加回复内容

（6）图 6.2.5 为添加了图文消息的回复内容，继续单击"+"按钮添加文字及链接"伊之恋坊牛仔系列抢购潮"，单击"确定"按钮后"保存"，如图 6.2.6 所示。

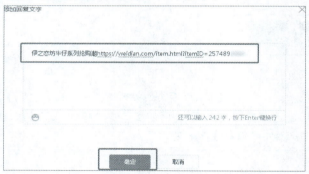

图 6.2.6　添加文字回复内容及链接

（7）单击"关键词回复"，添加回复内容如图 6.2.7 所示。

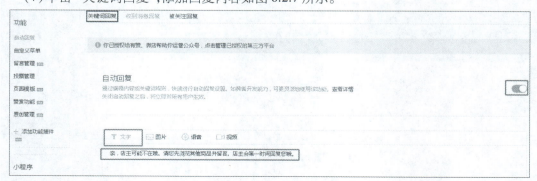

图 6.2.7　关键词回复

（8）单击"被关注回复"，添加回复内容如图 6.2.8 所示。

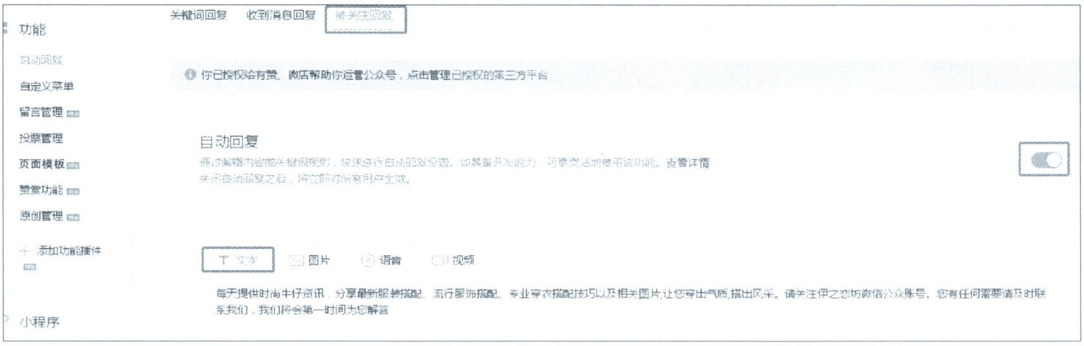

图 6.2.8　被关注回复

小提示

①使用自动回复，当用户关注或者发了某个关键词时，系统就可以把你设置的内容或店铺主页推送出去，让用户知道你的店铺。

②只要识别到用户的信息是关键词（全匹配）或包含关键词（模糊匹配），系统就会返回你预先设置的内容，如图文、音频、店铺、活动链接等。

③输入关键字，选择全匹配或模糊匹配。特别指出，如果选择了"模糊匹配"，如本教材设置了"牛仔"关键词，用户回复"牛仔"，或"牛仔裤""牛仔裙"才可以自动回复，而回复"牛"或"裙"是没有自动回复的，只能多不能少。

④最后编辑好回复内容，关键字可以关联图文、店铺主页、会员主页等内容。

（9）单击"自定义菜单"，设置菜单内容如图 6.2.9 所示。

图 6.2.9　自定义菜单

（10）自定义菜单预览效果，如图 6.2.10 所示。

（11）确定并发布自定义菜单，如图 6.2.11 所示。

（12）在公众号首页单击"新建群发"，如图 6.2.12 所示。

（13）编写群发的文字内容为"修身牛仔裤，时尚界的宠儿，各个季节的时尚单品。时尚的磨破设计，干净整洁的版型，带给你不一样的视觉体验，搭配高跟鞋、休闲鞋，穿出不一样的风格"，设定群发对象及留言功能，如图 6.2.13 所示。

图 6.2.10 自定义菜单预览效果

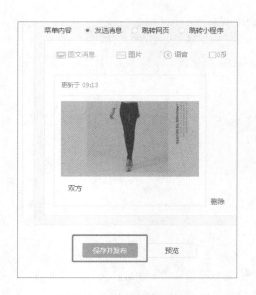

图 6.2.11 发布自定义菜单

图 6.2.12 新建群发

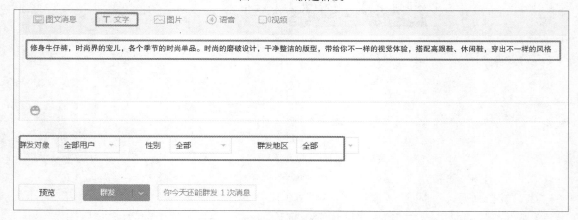

图 6.2.13 编写群发的文字内容

（14）编写群发的图片内容，预览后确定群发，如图 6.2.14 所示。

（15）群发后预览效果如图 6.2.15 所示。

图 6.2.14 编辑群发的图片

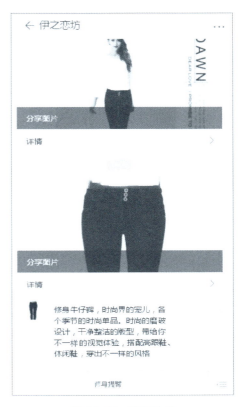

图 6.2.15 群发效果

小提示

用户关注卖家微信公众号后，卖家的公众号消息才能群发到相关的用户端。

（16）在微信主页端，单击右上角"…"，分享给朋友或者朋友圈，如图 6.2.16 所示。

图 6.2.16 微信分享推广

活动小结

桔子发现,利用微信进行推广时手机和计算机能实现同步预览,受众群体大,传播范围广,被转发次数多,能实现既定推广目标。

活动2 利用微博进行推广

活动背景

微商城除了能利用微信推广以外,还有一种常用的有效线上推广方式,那就是微博推广。微博推广自身的优势定位于品牌传播,媒体属性更强。因此,桔子在微信推广后,不忘进行微博推广。

活动实施

(1)登录新浪微博,单击美容服饰,编辑第一条微博信息"韩国清新少女系列简单最经典。店家微博@伊之恋酷衣绡 weixin:liarly"设置链接,单击"图片"选择"单图/多图",如图6.2.17所示。

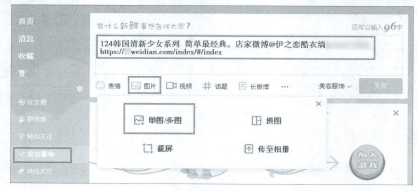

图 6.2.17 编辑微博信息

(2)选择牛仔裤图片上传,设置权限为"公开",单击"发送",如图6.2.18所示。

图 6.2.18 上传图片

(3)发布后,效果预览如图6.2.19所示。

图 6.2.19　微博预览效果

活动小结

　　桔子发现,经过了前面的微信推广活动之后本次微博推广简直是易如反掌。两种推广方式同时开展,更有利于商品的推广。

活动 3　限时折扣和微店秀秀营销

活动背景

　　牛仔系列产品的消费者年轻、时尚,伊之恋酷衣绡在新年元旦到来之际,为了迎合消费者热情、奔放的个性和追求潮流的特点,特通过微店自带的限时折扣和微店秀秀营销推广,效果更佳。

活动实施

　　(1)在微店首页单击"营销"中的"限时折扣",如图 6.2.20 所示。

图 6.2.20　限时折扣

　　(2)单击"添加折扣",如图 6.2.21 所示。

　　(3)填写限时折扣名称、折扣持续时间,设置限购数量,单击"添加打折商品",如图6.2.22 所示。

　　(4)选择参加折扣的商品后单击"确定"按钮,如图 6.2.23 所示。

　　(5)设定折扣比,如图 6.2.24 所示。

图 6.2.21　添加折扣

图 6.2.22　添加打折商品

图 6.2.23　选择参加折扣的商品

图 6.2.24　设定折扣比

（6）在微店首页单击"营销"中的"微店秀秀"，如图 6.2.25 所示。

（7）单击"立即使用"，如图 6.2.26 所示。

（8）选择女装类目下的第一个单屏模板，如图 6.2.27 所示。

图 6.2.25　微店秀秀

图 6.2.26　使用微店秀秀

图 6.2.27　选择模板

（9）单击编辑区域，在弹出的对话框中单击"选择商品"，如图 6.2.28 所示。

图 6.2.28　选择商品

（10）勾选商品后单击"确定"按钮，如图 6.2.29 所示。

	商品信息	原价(元)	库存	销量
☑	青春牛仔百搭瘦身小腿女牛仔裙	89	49	0
☑	最新韩版潮弹力牛仔裤女小脚铅笔显瘦牛仔裙	99	100	0

（表头：出售中 已下架 已售罄）

图 6.2.29　确定

（11）保存和发布。

活动小结

限时折扣和微店秀秀是微店自带的有效的营销应用，能充分与优惠券、优惠码、赠品等多种营销手段相结合。这种营销方式非常适合年轻时尚、追求潮流和刺激的消费者。

限时折扣

满减活动设置

秒杀活动的设置

合作实训

1.活动准备

组建团队：班级推选若干组长作为团队负责人，各组长通过招募或自由组合的方式，将班级分成若干小团队。

2.实训任务

小组一起商量确定自己微信公众号及类型，确定微商营销推广的方式方法。由组长分工，各组完成微信公众号的注册和绑定以及微营销推广。其主要包括：①会进行微信公众号的账号注册；②会将微商城与微信公众号进行绑定；③会对服饰类产品进行微营销推广。

3.注意事项

注意从网络安全的角度思考问题，了解用户命名规则和密码设置规则，提高安全意识。微信公众号的注册和认证中要使用个人的联系方式和身份信息等，注意增强保密意识，防止信息外泄。

任务 3 ⟫⟫⟫⟫⟫⟫
服装交易管理及绩效考核

情境设计

桔子团队为水牛城的商户们建立起水牛城服饰微商营销平台后，商户们的销售量和销售额到底有没有增加，增加了多少，这直接考验着桔子团队的工作成效。对服装交易的环节进行合理规划和科学管理能促进成交量的增长，而成交量又是考核微商平台的最直接指标。

任务分解

本次任务主要分解为两个活动：①管理服饰商品交易；②考核服饰微营销的绩效。

活动 1　管理服饰商品交易

活动背景

此次任务中，桔子的工作是跟踪和管理商品交易。订单得到及时响应才能保证有效成交，否则前面的店铺装修、商品发布和营销推广等大量工作都有可能功亏一篑。因此，对订单的有效管理才是交易管理的最大保证。在这一活动中有两项重要工作：商品管理和订单处理。

活动实施

（1）登录微店首页，单击"商品管理"，可以增加商品，也可以对商品进行批量导出、批量分类、批量改价、批量下架和批量删除，还可以勾选某一项商品进行单独的编辑、下架和删除，如图 6.3.1 所示。

图 6.3.1　商品管理界面

（2）在商品"分类管理"下添加"牛仔裤"和"牛仔裙"两个分类，如图 6.3.2 所示。

图 6.3.2　增加分类

（3）订单管理，查看所有订单情况，并及时对订单进行处理，如图 6.3.3 所示。

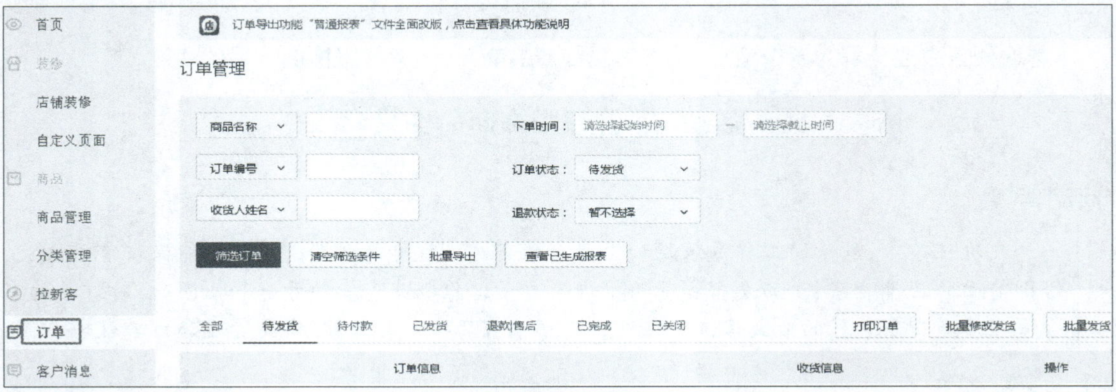

图 6.3.3　查看订单

活动小结

桔子发现利用手机端对微商城的商品进行交易管理要比电脑端灵活方便得多。同时，对订单进行及时跟踪和处理，对提高成交量大有裨益。

活动 2　考核服饰微营销的绩效

活动背景

桔子团队所进行的一切微营销推广活动是否有成效，能不能广泛传播给大众，能不能引起受众的关注，得到他们的肯定，最终能不能给水牛城的商户们带来显著的业绩量，这就需要对该团队这段时间以来所做的工作进行一系列的考核。

🔲 知识窗

绩效考核既是对团队工作的一项检查，又是对他们所做工作的一个总结，也为纠正前面的工作、进行查漏补缺提供了依据。科学合理的绩效考核方法是一种有效的管理艺术，能促进工作的开展。

活动实施

（1）用户分析绩效考核。对粉丝增减趋势、粉丝层次和基本信息进行统计，对用户行为（扫码、转发、下单、购买等行为）进行统计，完成表 6.3.1 所示的用户分析绩效考核表。

表 6.3.1　用户分析绩效考核表

分析指标	时间			
	7 天内	1 个月	1 季度	1 年
扫码统计				
粉丝统计				
新客户统计（1 次交易）				
老客户统计（≥2 次交易）				

（2）流量分析考核。对用户的互动趋势、群发效果、页面流量进行统计，完成表 6.3.2 所示的流量分析考核表。

表 6.3.2　流量分析考核表

分析指标	时间			
	7 天内	1 个月	1 季度	1 年
互动趋势统计				
群发效果统计				
页面流量统计				

（3）经营分析考核。查看商品统计和订单统计，对上架的商品、订单数量和成交数量进行统计，完成表 6.3.3 所示的经营分析考核表。

表 6.3.3　经营分析考核表

分析指标	时间			
	7 天内	1 个月	1 季度	1 年
商品统计				
订单统计				
成交统计				

（4）每个月进行一次团队考核，完成表 6.3.4 所示的微博营销推广绩效考核。该考核表以每月提交到部门主管处截图及后台数据统计为评分标准和发放薪酬的依据。

表 6.3.4　微博营销推广绩效考核表

指标体系（权重）	考核指标（权重）	指标释义	考核周期	目标基准	计算公式	备注说明
工作任务指标（80%）	漏发率（10%）	指未达到微博标准发布数量，存在少发微博的比率	月	≤ 2%	（标准发布篇数-实发篇数）/标准篇数×100%	
	原创率（15%）	指微博发布的原创类文稿比例	月	≥50%	周期内原创微博总篇数/周期内发微博的总篇数×100%	
	粉丝流失率（15%）	指粉丝因微博内容或者微博编辑在内容方面出现失误而减少的数量比例	月	≤0.5%	（上一周期粉丝数-现有粉丝数）/上一周期粉丝数×100%	

续表

指标体系（权重）	考核指标（权重）	指标释义	考核周期	目标基准	计算公式	备注说明
工作任务指标（80%）	平均回复数量的保持率（10%）	指统计周期内单篇微博的平均回复数量的稳定性因素	月	≤0.5%	（上一周期平均回复总数－本周期平均回复总数）/上一周期平均回复总数×100%	
	平均转发数量的保持率（20%）	指统计周期内单篇微博的平均转发数量的稳定性因素	月	≤0.5%	（上一周期平均转发总数－本周期平均转发总数）/上一周期平均转发总数×100%	
	直接成交率（10%）	指统计周期内直接成交的成交率	月	≤0.5%	通过渠道沟通的直接成交率/渠道咨询学员总数×100%	
客服指标（20%）	评论未回复（5%）	指粉丝在线咨询所提出实质性问题未回复	月	≤ 2 条	每个月不得多于2条	
	私信未回复（5%）	指粉丝以私信方式发布正式内容未回复解决	月	≤1 条	每个月不得多于1条	
	投诉未处理（10%）	指粉丝在平台中因为礼节、语言、态度、措辞等不当投诉或其他投诉处理及时性	月	≤1 条	每个月不得多于1条	

小提示

　　微信和微博都是常见常用的两种线上推广方式，除此之外，还有众多的线上推广方式也是值得我们借鉴的。例如，QQ 推广（QQ 好友、QQ 群、QQ 空间分享，甚至 QQ 邮箱、QQ 游戏）、博客营销推广、论坛推广、B2B 平台免费推广，还有各种各样的竞价推广方式，如百度、新浪等。

　　在网络发达的今天，利用线上推广方式推广产品之余不能忽略了有效的传统的线下推广方式。例如，可以利用政府、企业、学校、社区等多种传统的线下方式进行推广。

　　但是，出于时间、精力和经济成本的原因，并不是所有的推广方式我们都要用上，可根据自身条件选择适合自己的一种或几种推广方法，坚决去执行才是最有效的推广方法。

活动小结

　　桔子通过绩效考核发现每一种微营销推广方式都不是至善的，每个团队或团队里每一个成员都不是完美的，所以微营销工作还有提升的需要，效果也还有提升的空间。

合作实训

1.活动准备

组建团队:班级推选若干组长作为团队负责人,各组长通过招募或自由组合的方式,将班级分成若干个小团队。

2.实训任务

小组所有成员一起商量确定绩效考核指标。由组长分工,各组完成在微商城的第一个月的绩效考核。其主要包括:①会进行微商城的用户分析;②会统计和分析流量;③会进行经营分析;④会对微博营销推广进行绩效考核。

3.注意事项

每一种考核的方法都不是绝对公平和科学的,在同等条件下注重相对公开、公正、公平,科学合理,才能客观反映事实,促进事物健康发展。

项目总结

本案例——在微商城平台上开展服饰类微商营销是一个将移动商务相关知识、技能技巧、工具和技术等综合应用于实践的项目。本案例既体现了微商营销的方法技巧,也展示了服饰类产品的独特之处。

通过对本案例的学习,同学们能够熟练设计服饰类微店的店标、店招以及店铺背景;能够合理划分商品类别;能详细描述商品特征、店铺简介;能熟练运用各种线上线下的方式对产品进行营销推广;熟悉客服沟通技巧,掌握客户关系管理的方法,能制定绩效考核方案。

微商发展迅猛,却要避免产品的同质化和思维的固定化,这就使得企业对以后的微商人才提出更高的要求。同学们要在不同内容和方法的相互交叉、渗透和整合中提高自己,从而综合地学习和运用知识,锻炼和提高多种能力,为以后开展微商经营活动奠定良好的基础。

项目检测

1.单项选择题

(1)(　　)市场一直是服装市场的大头,一直引领着时尚和潮流,是时尚和个性的代表。

A.男装　　　　B.女装　　　　C.童装　　　　D.正装

(2)(　　)一旦认证后不可修改。

A.店铺名称　　　　　　B.店铺 Logo

C.店铺简介　　　　　　D.店铺主页

(3)在自动回复的关键字设置中,如果设置了"牛仔",选择全匹配,用户回复(　　)才可以自动回复。

A."牛仔裤"　　　　　　B."牛仔裙"

C."牛"或"仔"　　　　　D."牛仔"

(4)下列哪类产品需求富有弹性,比较适合价格促销战略?(　　)

A.大众服装　　　　　　B.高级女装

C.高级成衣　　　　　　D.新潮时装

(5)有些服装款式突然一下子变得流行,为许多人所喜爱,然后又迅速被摒弃,因此不适宜囤货,只适合网上销售,这是(　　　)。

  A.流行季节　　　　　　　　　　　　B.流行品牌

  C.流行周期　　　　　　　　　　　　D.流行快潮

2.多项选择题

(1)在服饰类商品发布的过程中,需要添加的商品规格为(　　　)。

  A.颜色　　　　　　B.尺码　　　　　　C.版本　　　　　　D.款式

(2)服装在微信营销中可以借助(　　　)等功能进行推广。

  A.朋友圈　　　　　　　　　　　　B.漂流瓶

  C.二维码　　　　　　　　　　　　D.签名

(3)服装微商营销推广的方式方法有(　　　)。

  A.QQ　　　　　　B.微信　　　　　　C.微博　　　　　　D.论坛

(4)微商城的店铺名称不宜(　　　)。

  A.太长　　　　　　B.4 个字　　　　　C.太俗　　　　　　D.太生僻

(5)在自动回复的关键字设置中,如果设置了"牛仔",选择"模糊"匹配,用户回复(　　　)可以自动
回复。

  A."牛仔裤"　　　　B."牛仔裙"　　　　C."牛仔"　　　　　D."牛"或"仔"

3.判断题

(1)因为服装类产品不能在网上试穿,所以服装类微商注定是要失败的。　　　　　　(　　)

(2)微商城上服装类产品种类繁多、琳琅满目,消费者需要花费比逛实体店更多的时间和精
力来进行选购。　　　　　　　　　　　　　　　　　　　　　　　　　　　　　(　　)

(3)店铺的名称是买家直接看到的店铺的名字,所以服装类店铺的命名一定要让买家一看
就能判断出这是一家服装类的店铺。　　　　　　　　　　　　　　　　　　　　(　　)

(4)服装的微商营销有很强的时间性,因此,引领潮流、把握季节、推出新品显得至关重要。

                         (　　)

(5)在微商城中因为消费者对服装的需求各异,因此每个店铺都要品牌齐全、种类多样,不能
只局限于某一类商品。　　　　　　　　　　　　　　　　　　　　　　　　　　(　　)

4.简述题

如何利用 QQ 进行服装微商营销推广?

项目 7
化妆品类微店综合案例

【项目综述】

智渊职业技术学院和国内多家优秀电商企业一直有着良好的合作关系,近期智渊职业技术学院准备在合作的优秀电商企业的支持下,举行一年一度的移动电子商务创业大赛,由学校的老师选拔电商专业技能过硬、有勤工俭学和自主创业意向的学生组成五个微店运营团队,角逐本次移动电子商务创业大赛。每个团队各配备一名学校电子商务专业老师和一名公司培训讲师担任指导,依托本次赛项特设的虚拟公司——"华寇化妆品有限责任公司"的产品,由五个微店运营团队在"微店店长版"App上自主搭建微店进行产品推广和营销,最终获胜的团队可以获得荣誉证书和优秀电商企业提供的一万元团队创业基金,表现突出的还有机会在毕业后正式进入这些优秀电商企业工作。

晓欣、小威、圆圆、桔子和小丽已经学习了"网络营销""Photoshop"等课程,他们组成一支参赛团队"必胜队"参加本次比赛。晓欣担任微店店长,小威担任美工,圆圆担任文案,桔子担任产品营销推广员,小丽担任客服。

【项目目标】

通过本项目的学习,应达到的具体目标如下:

知识目标

◇ 了解化妆品微店店招、店标和商品图片的最佳像素和容量大小;

◇ 了解化妆品文案的语言风格和类型、删除商品和下架商品的区别,以及有效进行营销推广的作用;

◇ 掌握与收藏本店的顾客首次打招呼的技巧;

◇ 理解客户服务在微店管理中的作用。

能力目标

◇ 熟练制作化妆品类微店店铺招牌和店铺图标;

◇ 会撰写化妆品类微店店铺公告和商品文案;

◇ 能够设置化妆品类微店商品的上下架和商品分类;

◇ 能够熟练运用化妆品类微店营销推广工具;

◇能够运用微店"朋友圈"开展化妆品情感营销；

◇掌握化妆品类微店客服沟通技巧；

◇掌握化妆品微店绩效考核办法。

素质目标

◇提高文字书写表达能力，增强审美意识；

◇提高与人沟通、解决矛盾的能力；

◇增强互帮互助、团队合作意识。

【项目思维导图】

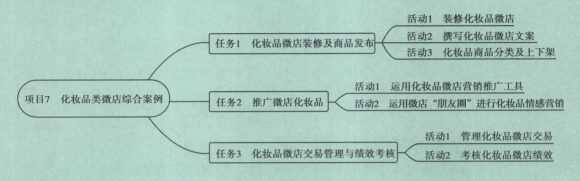

任务 1 >>>>>>>>>
化妆品微店装修及商品发布

情境设计

必胜队队员在老师的指导下，准备在"微店店长版"App 上开设华蔻化妆品官方旗舰店并进行装修和商品发布。

晓欣店长召集队员们开会，队员们决定把公司的生产理念在微店装修和产品营销中充分展现出来。为了体现开设的微店是华蔻化妆品有限责任公司授权指定的，大家把微店取名为"华蔻化妆品官方旗舰店"。这样既可展现微店经营的产品，又让消费者感受到产品是正品，有质量保证。同时，晓欣店长还决定把微店装修和商品发布任务交给美工小威和文案圆圆负责，其他队员协助，遇到问题可以向老师请教。

任务分解

本次任务主要分解为 3 个活动：①装修化妆品微店；②撰写化妆品微店文案；③化妆品商品分类及上下架。

活动 1　装修化妆品微店

活动背景

小威和圆圆了解到华蔻化妆品有限责任公司致力于提供绿色纯天然的化妆品,小威和圆圆决定在店招、店标和商品图片中体现公司理念。在拍摄完公司化妆品照片和获取公司 Logo 后,美工小威决定运用 Photoshop 软件制作微店的店招、店标和美化化妆品图片。

知识窗

化妆品微店的装修风格要顺应顾客的心理,让顾客有赏心悦目的感觉,激发顾客购买的欲望。在不同的季节,可以选择不同装修色彩:春天,要让顾客感受到春意盎然的气息,店招可以选择花做点缀,以绿色作为主色调;炎热的夏天,店招要装修出清爽的感觉,色调以蓝白为主;秋天是收获的季节,可以选择水果作为店招的装饰元素,色彩以金色、黄色为主;冬天可以将装修色调换为喜气洋洋的红色。根据不同季节及时变换店铺装修风格,不仅赋予化妆品微店生气,还能显出店家对微店和消费者的重视。

手机安装不同系统,如安卓系统、iOS 系统等,在运行"微店店长版"App 时,显示的图片大小也不一样,为了保证不同手机系统的消费者在浏览华蔻化妆品官方旗舰店微店时都能看到最理想的效果,建议制作店招、店标和华蔻化妆品图片时采用表7.1.1所示的尺寸和大小。

表 7.1.1　店招、店标和商品图片最佳尺寸大小

	店铺招牌	店铺图标	化妆品商品图片
尺寸	680 像素 × 350 像素	500 像素 × 500 像素	500 像素 × 500 像素
大小	100~200 kB	100 kB	100 kB

常用的图片素材网站有:花瓣网、改图网和千图网等。可以在这些网站下载海量图片,获取修图灵感,制作出精美的店招、店标和商品图片。

在本任务图片制作里,用到的软件是 Adobe Photoshop。Adobe Photoshop 是一款专业的图形图像处理软件,具有图像编辑、图像合成、校色调色等功能,是微店店家制作店招、店标和美化商品图片常用的软件。

活动实施

(1)双击打开 Photoshop 并新建文档,命名为"店招",如图 7.1.1 所示。

(2)单击"文件"菜单,选择"置入"选项,选择自己设计好的图片或从素材网站下载的图片制作微店店铺招牌,如图 7.1.2 所示。

(3)Photoshop 制作店招。在 Photoshop 中选择"文字"工具,在文字编辑框里设置文字的颜色、大小、字体等,最后单击"应用",便可在店招图片中打上公司的 Logo,标明微店店名——华蔻化妆品官方旗舰店,把微店近期活动如"全场包邮,满 188 元再享 8 折,活动时间:7 月 10 日—8 月 10 日"也添加到店招图片中,突出化妆品特色——"无添加、无污染、纯天然",如图 7.1.3 所示。

图 7.1.1　Photoshop 新建文档界面

图 7.1.2　Photoshop 置入背景图

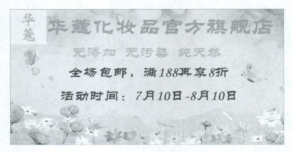

图 7.1.3　制作店招

小提示

　　日常生活中,实体化妆品店的店铺招牌可以招来顾客,化妆品微店的店招也有这个功能。一个合格的店招,至少要具备以下要素:

　　①化妆品微店店铺名称、品牌的 Logo;

　　②近期化妆品的促销活动广告信息;

　　③微店经营的化妆品特色;

　　④店招图片清晰美观、布局合理。

　　(4)Photoshop 美化化妆品商品图片。启动 Photoshop 软件,打开已经拍好的化妆品照片进行编辑,选用绿叶图片作为背景,在图片底部标明美白霜的特色是"蜗牛原液,紧致美白",如图 7.1.4 所示。用此方法,把华蔻公司提供的系列产品:护手霜、口红、美白霜、爽肤水、防晒霜和眼霜等化妆品都进行美化,美化后的图片要求突出化妆品特色,简明扼要地标出化妆品功效,背景要与化妆品色调搭配协调。

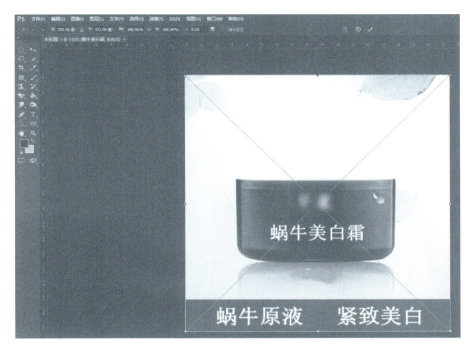

图 7.1.4　处理化妆品图片

小提示

　　化妆品图片色彩搭配把握得恰如其分,可以激发消费者购买欲望,因此,掌握色彩搭配基本知识显得尤为重要。

　　(5)账号注册成功后,登录"微店店长版"App。单击如图 7.1.5 方框部分,进入"店铺管理"界面。 单击"打理店铺",进入"自定义装修"界面。

　　(6)通过自定义装修凸显店铺形象。在"自定义装修"界面,单击"编辑",进入"编辑店铺信息"界面,可以在此编辑店铺 Logo、店铺名称、店铺公告等。

　　在"自定义装修"界面,单击"插入",进入"添加模块"界面,对店铺形象进行自定义装修。在"店铺形象"界面,可以添加已经设计好的店招图片,以及把店铺公告等文字信息添加到"店长信息"中。操作完毕,要单击"应用到店铺",方能保存操作内容,如图7.1.6所示。

色彩搭配
基础知识

小提示

　　微店的店铺图标可以选用商品实物图标、店铺名称或品牌 Logo 设定。具体到化妆品类微店店铺图标,由于所开设的微店是华蔻授权指定的店铺,所卖的商品全部是华蔻的化妆品,为了突出正品、官方的特点,选用了华蔻的品牌 Logo 作为店标。

　　在设计店标时,可以结合以下几点要求拓展思路:①结合微店店铺名称设计;②结合经营商品的特性设计;③店标图片要清晰简洁、布局合理。

图 7.1.5　微店界面
图 7.1.6　自定义装修店铺界面

（7）自定义装修化妆品商品。在"自定义装修"界面，可以对不需要的化妆品栏目单击"删除"。单击"编辑"，进入"编辑推荐商品"界面，即可以对化妆品商品进行排版及上下架的操作。操作完毕，要单击"应用到店铺"，方能保存操作内容，如图 7.1.7 所示。

（8）装修模板的应用。如果不进行自定义装修，也可以在"店铺管理"界面，单击"装修市场"，选择免费或者付费的模板进行微店店铺装修，如图 7.1.8 所示。

图 7.1.7　自定义装修化妆品商品
图 7.1.8　装修模板的应用

活动小结

　　小威和圆圆在老师的指导和队员们的协助下,终于完成了制作华蔻化妆品官方旗舰店店招、店标和华蔻化妆品图片美化工作。在这个过程中,队员们都明白了微店店铺装修从店招到店标都采用统一的风格设计是为了向消费者传递官方授权,保证正品、保证质量这个信息。而化妆品图片的美化最考验美工的审美品位和对色彩的把握能力。

微店店铺装修

<h2 style="text-align:center">活动 2　撰写化妆品微店文案</h2>

活动背景

　　店招和店标的制作和上传,撑起了微店装修大体框架。而微店装修的细节部分,如店铺公告、化妆品文案等其他店铺资料的撰写,则是区分微店装修档次的关键所在。美工小威和文案圆圆在晓欣店长的带领下,再接再厉,继续对微店进行文案装饰。

🔲 **知识窗**

　　撰写吸引人眼球、容易记住的店铺公告和化妆品文案,文案工作者需要具备深厚的文字功底。一般而言,公告和文案的撰写有以下 3 步:

　　①用语言描述清楚事实(公告内容、商品特性);

　　②采用拟人、比喻等手法把平实呆板的语言变得生动有趣;

　　③对语言进行刻画雕琢,提炼出卖点。

活动实施

　　(1)填写店铺公告。打开“微店店长版”,单击如图 7.1.9 所示方框部分,进入“店铺管理”界面。单击“店铺资料”,进入“店铺公告”,在“微店公告”界面,输入华蔻化妆品官方旗舰店微店介绍、微店活动促销信息、微店客服时间、微信号和联系方式,单击“完成”。

图 7.1.9　填写店铺公告案例图

　　(2)完善店铺资料。在"店铺资料"界面,上传店铺 Logo,输入店铺名称、主营类目、店铺地址、客服电话以及认证信息等。 至此,完成了店铺资料的完善工作,如图 7.1.10 所示。

　　(3)化妆品功效文案撰写。打开"微店店长版"App,单击"商品",单击界面底部的"添加商品",单击"商品详情",在"商品详情"界面根据化妆品的功效、营销目的等,从"文字、图片、素材中心、商品、店长笔记、视频、优惠券、微店拼团、分割线"中选择几种元素对商品进行详情描述。化妆品文案撰写要基于化妆品的质量,才能达到吸引消费者购买的目的,如图 7.1.11 所示。

　　(4)化妆品故事型文案撰写。按上述操作步骤,依次在"添加商品"界面添加华蔻系列产品:护手霜、口红、美白霜、爽肤水、防晒霜、眼霜,并对化妆品进行文案撰写,如图 7.1.12 所示。

图 7.1.10　完善店铺资料

图 7.1.11　化妆品功效陈述型
文案案例图

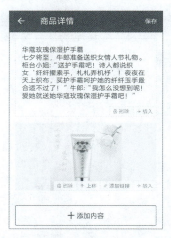

图 7.1.12　化妆品故事型
文案案例图

活动小结

　　在撰写店铺公告、化妆品文案的过程中,晓欣店长召集队员讨论,队员们用头脑风暴法畅所欲言,给了文案圆圆很多创作灵感。的确,文案的撰写想要吸引顾客,就要别出心裁,独秀一枝,非常考验文案工作者的创作功底。但不管怎么新颖创新,对化妆品的描述始终要基于产品功效,不能说得天花乱坠、不切实际。

活动 3　化妆品商品分类及上下架

活动背景

　　店长晓欣对大家说:"在日常生活中,我们走进一家业绩良好的实体店铺,会发现店铺里的商品是分门别类展现在顾客眼前的,绝对不会杂乱无章地堆放。所以我们的微店,要想给顾客一个良好的印象,方便顾客搜索化妆品,我们也要对化妆品进行分类。微店商品的分类和什么时候上架下架很考验店长的统筹管理能力,这项工作就由我来负责吧。"

□ 知识窗

　　对化妆品商品进行分门别类,可以使店铺页面看起来井然有序,顾客搜索化妆品方便快捷,界面操作友好会增加顾客的好感。

　　化妆品的上架和下架是对市场反应灵敏与否的响应。对于市场表现好的化妆品,店家应准备充足的库存,积极快速上架;对于过季、不受欢迎的化妆品,店家要及时下架,以免引起顾客的反感。

活动实施

　　(1)添加化妆品商品。打开"微店店长版"App,单击"商品",在"商品"界面底部单击"添加商品",在"添加商品"界面就可以上传商品图片、输入商品标题、类目、价格、库存、商品详情和分类。最后单击"完成"。按此方法,依次对每件华蔻化妆品进行录入,如图 7.1.13 所示。

图 7.1.13　添加化妆品商品

图 7.1.14　设置化妆品商品分类

（2）设置化妆品商品分类。打开"微店店长版"App，单击"商品"，在"商品"界面底部单击"分类管理"，在"分类"界面，单击"新建分类"，即可输入分类名称。依次输入华蔻化妆品系列产品分类：护手霜系列、口红系列、美白系列、爽肤系列、防晒系列和眼霜系列。单击"管理分类"，即可对已经建立的分类进行编辑、删除、上移、下移、添加子分类等。最后单击"完成"，如图7.1.14所示。

（3）分类化妆品。设置化妆品分类后，在"商品"界面，单击已经添加的化妆品，在"编辑商品"界面底部单击"分类"，把添加的化妆品分类到相应的类别，并单击"完成"。如图7.1.15所示，依次对添加的华蔻化妆品进行分类。至此，完成了化妆品的分类操作。

（4）化妆品上下架。打开"微店店长版"App，单击"商品"，在"商品"界面单击已经添加的化妆品，在"编辑商品"界面底部单击"下架"，并单击"完成"，该化妆品就下架了，如图7.1.16所示。化妆品上架就是活动实施步骤（1）的添加化妆品操作。

图 7.1.15　分类化妆品

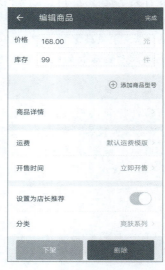

图 7.1.16　下架化妆品

小提示

下架商品和删除商品的区别：

①下架商品在"出售中"的商品里消失，顾客浏览微店时看不到该化妆品，但该化妆品还存在微店后台的数据库里。如果想把化妆品重新上架，只需在"已下架"界面单击该化妆品，在编辑商品界面底部单击"上架商品"即可。

②删除商品，则不仅顾客在浏览店铺时看不到，在微店后台数据库里也没有该化妆品。以后想要上架该化妆品需要重新录入。

化妆品商品
分类及上下架

活动评价

通过晓欣店长的操作，队员们明白了如何准确无误地将华蔻化妆品进行分类，不仅让商品看起来井然有序，而且方便顾客快速搜索到所需化妆品，界面美观会给顾客留下良好的印象。商品的上下架并不是单击一个按钮这么简单，它需要店长甚至是全队队员对市场预期、销售情况做出准确判断，及时下架过季、不受欢迎的化妆品，快速上架市场所需的化妆品。

合作实训

1.活动准备

全班分成若干小组,每组确定队长(店长)、美工、文案 3 个岗位人选。 每个队员都在手机里下载安装"微店店长版"App,在计算机上安装 Photoshop 软件,拥有网速较快的网络环境。

2.实训任务

本次实训任务的目的是让同学们熟悉化妆品类微店的装修和商品发布。规定经营化妆品种类:面膜、眼霜、口红、美白霜、爽肤水、眉笔、护手霜、粉底液等。每队从上述化妆品种类中选择一种进行实训。主要包括:①制作微店店招、店标、美化商品图片和自定义装修;②撰写店铺公告、完善店铺资料和撰写化妆品文案;③化妆品商品分类及上下架。

3.注意事项

①由于用户手机操作系统不同,在浏览微店时,显示的微店界面大小也不一样,所以店招、店标的图片设计要按最佳尺寸制作。

②化妆品文案撰写要基于化妆品功效事实,尽量别出心裁地描述,给顾客留下深刻印象!

任务 2 》》》》》》》》》》
推广微店化妆品

情境设计

微店化妆品营销推广与日常生活中实体化妆品店的营销推广不大一样,由于本次微店化妆品营销推广活动没有广告费赞助支持,队员们讨论后,决定从微店软件自带的营销推广工具和微店"朋友圈"这两条途径进行推广。

队长晓欣把华蔻营销推广任务交给推广员桔子,其他队员协助,碰到问题可以咨询老师。桔子在电子商务专业课的理论学习期间,担任过"网络营销"和"市场营销"课程的科代表,营销理论知识扎实,队员们都相信桔子可以很好地完成任务。

任务分解

本次任务分为两个活动:①运用微店营销推广工具;②运用微店"朋友圈"进行化妆品情感营销。

活动 1　运用化妆品微店营销推广工具

活动背景

桔子在老师的指导下,已经熟练掌握"微店店长版"App 的营销推广工具。桔子认为营销推广华蔻化妆品不一定每一种营销工具都用上,关键是要结合微店和化妆品情况针对目标客户群运用恰当的营销工具,才能收到事半功倍的效果。

🔲 知识窗

（1）开设化妆品微店后，如果不主动进行营销推广，守株待兔等待顾客上门购买，销售效果是不理想的。主动进行营销推广有以下作用：

①迅速提高化妆品知名度。

②抢占化妆品市场份额。

③提升化妆品微店竞争优势。

④加快资金回笼速度。

（2）"微店店长版"App 提供了丰富的"营销推广"工具，包括"提高新客流量""提升收藏和成交转化""让客户多买一点""关照回头客""让老客户帮忙介绍客户""朋友圈小工具""微信群裂变工具""分成销售""线下活动"九大板块，每个板块又包含多个工具，具体包含的营销推广工具如图 7.2.1—图 7.2.4 所示，商家可以根据微店的预算和推广目标顾客，决定选择哪些推广工具。

图 7.2.1　营销推广工具 1

图 7.2.2　营销推广工具 2

图 7.2.3　营销推广工具 3

图 7.2.4　营销推广工具 4

（3）6种提高新客流量推广工具使用条件和作用见表7.2.1。

表 7.2.1　提高新客流量推广工具使用条件和作用

提高新客流量推广工具	使用条件	作　用
入驻微店 App	开通担保交易、开店天数超过 30 天、设置主营类目、店招、店铺公告、商品详情页、有一定店铺收藏、销量和评论数	海量潜在客源、精准店铺推荐、丰富营销互动
报名活动	根据每一期活动报名要求确定	提高商品曝光率
拉新客	只收新客首单成交佣金＝新客首单成交额×佣金比例	店铺在微店首页、搜索、推荐、小程序等位置优先展示
微客多	拉新客、微店推广、商品推广、活动推广和微信公众号推广均需要收费	将店铺和商品提高到高流量的展位上
公众号联盟	付费在公众号进行推广、所有商品都可以进行推广	店铺和商品获得海量曝光
积分换推广资源	兑换积分换取"发红包、加收藏、做推广、报活动和买商品"服务	提高店铺和商品曝光率

活动实施

根据华蔻化妆品官方旗舰店的实际情况,选择"微店店长版"App 的营销推广工具中的几种工具进行推广,具体操作如下:

（1）营销推广工具一——限时折扣。打开"微店店长版"App,进入店铺管理后台,单击"营销工具",选择"限时折扣",单击"添加",选择"华蔻保湿爽肤水",在限时折扣页面,输入折扣价"138元",设置好活动开始和结束时间,并单击"完成"。单击限时折扣页面中的分享图标,可以分享到朋友圈、微店好友、QQ 等。本次折扣活动我们选择分享到微信好友,效果图如图 7.2.5 所示。

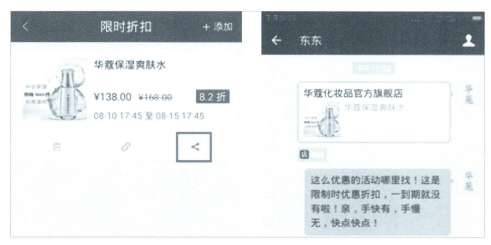

图 7.2.5　设定限时折扣案例图

小提示

对于华蔻化妆品官方旗舰店这类刚开设不久的微店而言,吸引顾客和提高人气是最重要的。限时折扣可以起到这个作用。除此以外,限时折扣还可以促进商品成交,增加销售量,提高店主的自信心。

(2)营销推广工具二——私密优惠。打开"微店店长版"App,进入店铺管理后台,单击"营销工具",在营销工具界面中点击选择"私密优惠",在本次"私密优惠"活动中,由于华蔻化妆品正处于新客户推广和老客户维稳的时候,所以活动力度设置为"5折",在设置完开始时间和结束时间之后,即可将本次"私密优惠"分享给指定客户,如图7.2.6所示。

(3)营销推广工具三——满包邮。打开"微店店长版"App,进入店铺管理后台,单击"营销工具",在营销工具界面中点击选择"满包邮",创建新的"满包邮"活动,不论新老客户,只要在华蔻化妆品店购买满188元即包邮。"满包邮"活动创建完成后,还可以选择将本次活动分享给微信好友、朋友圈等,分享到朋友圈的效果如图7.2.7所示。

图 7.2.6　分享私密优惠给指定客户　　图 7.2.7　分享满包邮活动到微信朋友圈

小提示

分享活动链接时,不要只是单纯转发分享,要在分享的同时写出刺激顾客单击购买的语言,同时满包邮活动不会影响已经设置的私密优惠、限时折扣等。

(4)营销推广工具四——分成推广。打开"微店店长版"App,进入店铺管理后台,单击"营销工具",在营销工具界面中点击选择"分成推广",在分成推广界面说明里单击"同意",设定佣金比例为"30%"。佣金比例越高,越容易吸引更多的人替店家分销商品,最常见的是佣金比例是10%。推广的目的是先打开市场,结合华蔻化妆品成本价,所以本次"分成推广"活动把佣金比例设置为30%。单击"确定"按钮即可完成"分成推广"设置,如图7.2.8所示。

运用营销
推广工具

图 7.2.8 设定佣金比例

活动评价

推广员桔子根据华蔻化妆品官方旗舰店的实际情况,选择微店软件自带的营销工具中的限时折扣、私密优惠、满包邮、分成推广这几种方式进行推广。推广工具的设置并不难,难的是如何写出新颖有趣的店长笔记吸引顾客,如何计算好优惠的折扣力度并保证盈利。

活动 2 运用微店"朋友圈"进行化妆品情感营销

活动背景

"微店店长版"App 里有一个功能是微店"朋友圈",是针对已经关注或购买微店商品的顾客形成的朋友圈,顾客可以在面向消费者终端的"微店"App"关注"栏目查看关注店铺的动态消息。当然,微店"朋友圈"人数没有微信黏合的用户人数多,但微店"朋友圈"黏合的用户都是消费者或潜在消费者,微店商家在微店"朋友圈"发动态消息并不会引起用户的反感。反之,如果在微信朋友圈发商家消息,可能会引起用户反感。因此,推广员桔子决定在微店"朋友圈"情感营销华蔻化妆品。

知识窗

每个微店店铺都可以通过提高店铺收藏量增加店铺的微店"朋友圈"用户人数。提高店铺收藏量的技巧有在店铺里告知顾客收藏本店可以获得红包、打折或小礼品等优惠。

第一次与收藏本店的顾客打招呼,语言技巧见表 7.2.2。

表 7.2.2 初次打招呼技巧

时间	关键点	例 子
晚上	温馨、共鸣	亲,忙碌一天,辛苦了。欢迎亲光临我的微店!
工作日	正能量	奋斗的一天又开始了,使用华蔻爽肤水给自己一个清爽的早晨吧!
周末	轻松有趣	周末来临,去海边吹吹风,别忘了带华蔻防晒霜哦!
节假日	喜庆祝福	母亲节来临,用华蔻面膜抹去母亲岁月的痕迹吧!

化妆品在微店"朋友圈"进行情感营销,按营销图文广告风格可分为:①个人分享型;②卖点陈述型;③客户反馈型。

活动实施

（1）个人分享型。打开"微店店长版"App，单击"营销推广"，在"提升收藏和成交转化"板块，单击"微店'朋友圈'"。在"微店'朋友圈'"界面，单击"发动态"，发表使用华蔻化妆品后的效果感受，并配上产品和肌肤使用图片。在"微店"App 的"关注"栏目也就是微店"朋友圈"中就可以看到发表的动态，如图 7.2.9 所示。

（2）卖点陈述型。打开"微店店长版"App，单击"营销推广"，在"提升收藏和成交转化"板块，单击"微店'朋友圈'"。在"微店'朋友圈'"界面，单击"发动态"，发布华蔻化妆品的独特功效，用优美的文字吸引顾客。在"微店"App 的"关注"栏目也就是微店"朋友圈"中就可以看到发表的动态，如图 7.2.10 所示。

图 7.2.9　个人分享型案例图　　图 7.2.10　卖点陈述型案例图　　图 7.2.11　客户反馈型案例图

（3）客户反馈型。打开"微店店长版"App，单击"营销推广"，在"提升收藏和成交转化"板块，单击"微店'朋友圈'"。在"微店'朋友圈'"界面，单击"发动态"，发布华蔻化妆品图片和客户使用后效果反馈截图，用产品质量事实进行情感营销。在"微店"App 的"关注"栏目也就是微店"朋友圈"中就可以看到发表的动态，如图7.2.11 所示。

小提示

用微店"朋友圈"进行化妆品情感营销，要注意避免每天大量的图文广告，使顾客不胜其烦，一般保持每天一两条微店"朋友圈"动态消息是比较合适的。

微店"朋友圈"广告不是越花哨越好，要基于化妆品功效事实，用精心设计的图片文案赢得顾客的好感。在微店"朋友圈"与顾客留言互动，不如直接进行一对一沟通，长期有效的互动才能产生信任，有了信任，顾客才会放心去购买你所推荐的化妆品。

活动评价

推广员桔子在做完微店"朋友圈"情感营销后，发现顾客尤其是刚收藏店铺的顾客对华蔻化妆品一开始都有一种不信任的感觉，不知道化妆品质量是否优良。因此，桔子第一步便是与顾客建立信任,通过陈述华蔻化妆品的独特功效,亲身分享自己的使用体验和截图分享其他顾客的使用体验,用事实赢得顾客的信任。

合作实训

1.活动准备

全班分成若干小组,每组选出组长负责督促组员遵守纪律,完成实训任务。每个组员都下载安装"微店店长版",保证手机可以上网。

本次实训的目的是熟练掌握"微店店长版"App 各类营销推广工具,能运用微店"朋友圈"进行化妆品情感营销。

每组同学选定一件化妆品,如口红、美白霜、爽肤水、眉笔等。

2.实训任务

①从"微店店长版"App 营销推广工具中选几种营销工具对选定的化妆品进行营销。

②运用微店"朋友圈",对选定的化妆品进行情感营销。最后由全班同学和老师进行投票评分。

3.注意事项

①根据化妆品的特性,有选择地运用"微店店长版"App 的营销推广工具进行推广,不可盲目全用。

②尽可能用个人分享型、卖点陈述型、客户反馈型等多种图文并茂的广告在微店"朋友圈"营销。

任务 3 »»»»»»»
化妆品微店交易管理与绩效考核

情境设计

在推广员桔子和队员们齐心协力的营销推广下,华蔻化妆品官方旗舰店终于迎来了第一笔订单。但客服小丽却发现在订单管理界面中,有很多订单是待付款状态,顾客没有付款,后台也就不能发货完成这笔交易。

任务分解

本次任务可分解为两个活动:①管理化妆品微店商品交易;②考核化妆品微店绩效。

活动 1　管理化妆品微店交易

活动背景

推广员桔子完成华蔻化妆品营销推广后,客服小丽的"消息"界面开始有人打招呼进行产品咨询。小丽回忆起在课堂上学习的"客户服务"知识,尽量运用客服技巧耐心接待每一个咨询的顾客。

□ 知识窗

客户服务在微店管理中有着举足轻重的作用。优秀的客户服务可以塑造微店形象,提高产品成交率和顾客回购率。一个优秀的客服人员要至少在20秒内快速回应顾客的询问,否则会造成顾客流失。

一个完整的微店交易管理包括以下步骤:①与顾客打招呼;②答复顾客询问的产品;③坚定顾客购买信心;④与顾客博弈合理的产品价格;⑤达成交易,引导顾客下一次购物。

活动实施

(1)与顾客打招呼。当面对顾客第一次咨询打招呼时,客服的回应应该活泼亲切,切忌死板无趣,如图 7.3.1 所示。

(2)答复顾客询问的产品。首先要赞美顾客的眼光,用赞美获得顾客的好感。接下来,实事求是地介绍化妆品的功效,如图 7.3.2 所示。

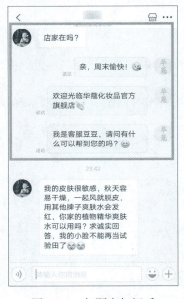

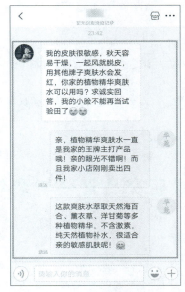

图 7.3.1　与顾客打招呼　　　　图 7.3.2　答复顾客询问的产品

(3)坚定顾客购买信心。在介绍完华蔻化妆品功效后,如果顾客仍然怀疑化妆品的质量,不妨说出店铺开通 7 天退货和担保交易等服务,是有信誉的店铺,如图 7.3.3 所示。

(4)与顾客博弈合理的产品价格。顾客都希望买到物美价廉的化妆品,此时客服人员尽量在促成成交的情况下,引导顾客接受一分钱一分货的道理。当不得不降价时,可以给顾客发限时折扣、红包等优惠方法,如图 7.3.4 所示。

(5)达成交易,引导顾客再次购物。询问顾客怎么找到店铺的可以检查前期的营销推广效果。通过店铺专享红包、会员权利、私密优惠等方法引导顾客下一次购物或者介绍他人购物,如图 7.3.5 所示。

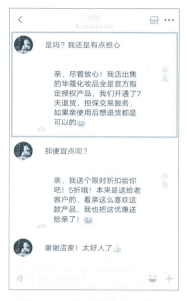

图 7.3.3 　坚定顾客购买信心　　　　　　图 7.3.4 　与顾客博弈合理的产品价格

电商客服
接待技巧

图 7.3.5 　引导顾客再次购物　　　　　　图 7.3.6 　订单管理界面

（6）下单但没有付款的订单如图 7.3.6 所示。此时的订单还在进行中，正在等待顾客付款。客服可以通过在微店平台发送消息、打电话或发短信等方式通知顾客尽快付款。

活动小结

客服小丽成功地完成了一笔交易订单并获得了好评。在这过程中，小丽觉得从一开始亲切热情接待顾客，打消顾客疑虑购买产品，到催促顾客尽快付款购买，每一步语言的使用都很有技巧，要多练习、多总结，才能掌握真诚沟通之道，胜任客服岗位。

活动 2　考核化妆品微店绩效

活动背景

本次移动电子商务创业大赛快接近尾声了,五个团队经营的化妆品微店也陆续接到许多订单。如何评价一家化妆品微店经营的好坏,如何对五个团队进行绩效考核呢?评委老师根据化妆品 微店店铺装修、化妆品分类及上下架、化妆品文案、成交订单和收入流水等方面对团队进行绩效考核。

📖 知识窗

评价化妆品微店经营成功与否,最重要的指标就是销售金额。微店装修美观、化妆品文案撰写生动、客服周到热情等一切微店经营活动都是围绕提高店铺销售金额服务的。因此,对团队的绩效考核可以按表 7.3.1 的评分项目比重进行,在评比时以统一的时间段为考核时间进行评比,比如 7 天或 30 天等。

表 7.3.1　绩效考核表

序号	评分项目	评分子项目	分值/分
1	店铺人气	店铺浏览人数	2
2		店铺收藏人数	2
3		店铺点赞人数	2
4		店铺好评率	2
5	商品	在售商品总数	2
6		浏览一下单转化率	10
7	客户	潜在客户	2
8		成交客户	10
9		回头率	4
10	订单	实际订单数=支付订单数−退款订单数	10
11		支付转化率	10
12	金额	销售金额=支付总金额−退款总金额	15
13	店铺装修	店招	5
14		店标	2
15		化妆品图片美化	10
16		店铺资料、化妆品文案	10
17		化妆品分类及上下架	2

通过表 7.3.1 的绩效考核评分表可以考核化妆品微店运营情况,总分高低也反映出团队店长管理能力的高下。

活动实施

（1）打开"微店店长版"App，单击如图7.3.7左图方框部分，进入"经营分析"界面。在"经营分析"界面顶部有店铺浏览、收藏、点赞人数和好评率。通过这些数据可以判断店铺人气。

（2）在"经营分析"界面，可以查看"商品"板块的在售商品总数、浏览一下单转化率，如图7.3.8所示。

（3）在"经营分析"界面，单击"客户"板块的"更多"，进入"客户管理"界面，可以查看潜在客户人数。单击"客户管理"界面方框部分，进入"客户数据详情"，可以查看成交客户和回头率，如图7.3.9所示。

图 7.3.7　店铺人气

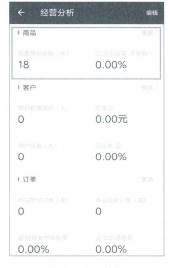

图 7.3.8　商品

图 7.3.9　客户

（4）在"经营分析"界面，可以查看"订单"板块的支付订单数、退款订单数和支付转换率；还可以查看"金额"板块的支付总金额和退款总金额，如图7.3.10所示。

图7.3.10　订单和金额板块

（5）微店店铺店招、店标、化妆品图片美化、店铺资料、化妆品文案、化妆品分类及上下架的查看方法在任务1和任务2中均有介绍。

（7）评委老师可以根据表7.3.1里的评分项目对5个团队进行绩效考核。

活动小结

通过本次活动，评委老师从店铺人气、商品、客户、订单、金额和店铺装修等方面评价参赛团队微店经营优劣，队员们也通过评分项目明白影响微店经营好坏的要素，从而作出改进，提高团队微店运营能力。最后，必胜队不负众望，赢得本次比赛第一名。

合作实训

1.活动准备

全班分成若干小组，每组选出组长负责维持纪律，督促组员完成实训任务。每个组员手机里都安装好"微店店长版"App，保证手机可以上网。

2.实训任务

本次实训目的是熟悉微店交易管理规则和流程，能进行客户关系维护以增加回购率。每组组员通过运用微店交易管理的技巧，完成3笔订单交易。对客户关系进行管理，每组完成一笔回头客订单。

3.注意事项

在接待顾客咨询过程中,运用恰当语言技巧达成交易。

项目总结

本项目是对本教材前述项目知识和技能的综合应用,运用到"微店店长版"开店设置、装修、商品推广营销等知识。通过本项目的学习,同学们要能够熟练制作化妆品类微店店招和店标;能完成商品的上下架和商品分类;会撰写店铺公告和商品文案;熟练运用微店营销推广工具和微店"朋友圈"进行化妆品情感营销;掌握客服沟通技巧和绩效考核办法。

项目检测

1.单项选择题

(1)制作店铺招牌的最佳尺寸是(   )。

    A.640 像素×920 像素　　　　　　　　B.500 像素×500 像素

    C.680 像素×350 像素　　　　　　　　D.750 像素×350 像素

(2)(   )比限时折扣针对的客户群体范围要窄,它是为了鼓励老客户继续购买或吸引新客户加入而专门设定的优惠,只发给特定的客户群。

    A.私密优惠　　　　　　　　　　　　B.分成推广

    C.满减　　　　　　　　　　　　　　D.满包邮

(3)(   )是通过支付佣金给推广者,通过推广者的推广营销,获得更多的订单。当推广的商品交易成功时,店家要支付预先设定好的佣金给推广者;交易不成功,则无须支付。

    A.私密优惠　　　　　　　　　　　　B.分成推广

    C.店长笔记　　　　　　　　　　　　D.满包邮

(4)网上第一次与收藏本店的顾客打招呼,最好运用(   )语言技巧。

    A.喜庆祝福　　　　　　　　　　　　B.正能量

    C.轻松有趣　　　　　　　　　　　　D.温馨、共鸣

(5)一个优秀的客服人员要至少在(   )秒内快速响应顾客的询问,否则会造成顾客流失。

    A.10　　　　　　B.20　　　　　　C.30　　　　　　D. 40

2.多项选择题

(1)制作(   )时采取的最佳尺寸是 500 像素×500 像素。

    A.店铺封面　　　　　　　　　　　　B.店铺招牌

    C.店铺图标　　　　　　　　　　　　D.化妆品商品图片

(2)常用的图片素材网站有(   )。

    A.花瓣网　　　　　　　　　　　　　B.改图网

    C.千图网　　　　　　　　　　　　　D.猪八戒网

(3)化妆品的文案语言风格应与店铺的装修风格统一,具体有类型有(   )。

    A.化妆品功效陈述型　　　　　　　　B.故事型

    C.个人分享型　　　　　　　　　　　D.客户反馈型

（4）积极主动进行营销推广的作用有(　　)。

        A.迅速扩大化妆品知名度

        B.抢占化妆品市场份额

        C.提升化妆品微店竞争优势

        D.加快资金回笼速度

（5）为了让客户多买一点,化妆品微店营销推广工具包括(　　)。

        A.满赠　　　　　　　　　　　　　B.满包邮

        C.满减　　　　　　　　　　　　　D.设置组合套餐

3.判断题

（1）制作店标和化妆品商品图片的最佳尺寸都是 500 像素×500 像素。　　　　　　(　　)

（2）"微店"App 与"微店店长版"App 的区别是"微店"App 是面向消费者的操作平台,而"微店店长版"App 是面向商家的操作平台。　　　　　　　　　　　　　　　　(　　)

（3）一个合格的化妆品微店店招,可以舍去微店店铺名称和品牌的 Logo。　　　(　　)

（4）在色彩的运用中,蓝色代表神秘、压力。　　　　　　　　　　　　　　(　　)

（5）下架商品和删除商品的后果是一样的。　　　　　　　　　　　　　　(　　)

4.简述题

（1）一个合格的店招,至少要具备哪些要素?

（2）化妆品微店店铺公告通常包含哪些内容?

5.趣味挑战题

（1）全班分成若干小组,选出组长,以小组为单位,制作专卖面膜的微店店招和店标,评比出设计新颖独特、布局合理的小组。

（2）全班分成若干小组,选出组长,以小组为单位,对指定面膜进行微店"朋友圈"情感营销,评比出营销人气小组。

项目 8
食品生鲜类微店综合案例

【项目综述】

　　"一骑红尘妃子笑,无人知是荔枝香。"此处指的便是高州荔枝。本案例借唐诗之韵,称"唐味荔枝",为此开展一个荔枝微营销项目。人称"喜哥哥"的王大喜被大伙推选作此项目的负责人。王大喜连周末都没有休息,在网上四处搜集查阅资料,并亲自参观考察了高州的千年贡园荔枝林,为项目的开展做好了充分的准备。王大喜在团队召集会上,特别向大家说明,这个唐味荔枝微营销是以帮扶果农开拓荔枝销路实现经济效益为考核重点,以打造高州荔枝"区域品牌、"大唐荔乡"人文品牌,打造乡村振兴的样板为团队工作的中心。

【项目目标】

通过本项目的学习,应达到的具体目标如下:

知识目标

　　◇搭建微营销项目的真实工作情境;

　　◇了解微营销项目的真实工作过程;

　　◇体验微营销项目的真实工作压力。

能力目标

　　◇熟悉微营销项目的考察与论证过程;

　　◇能开通微信认证与微信支付,以及微店装修与商品发布的方法;

　　◇实践微营销项目的线上线下营销推广的途径;

　　◇能进行掌握微店的交易管理;

　　◇熟练并运用微营销的物流保障与售后服务。

素质目标

　　◇培养鲜果类项目的策划营销能力,提高把握新时代市场经济发展动向能力;

　　◇锻炼青年学生吃苦耐劳,甘于奉献,甘于为农业发展做贡献的时代精神;

　　◇培养在真实的商业项目中进行商业运作的电商综合职业能力素养。

【项目思维导图】

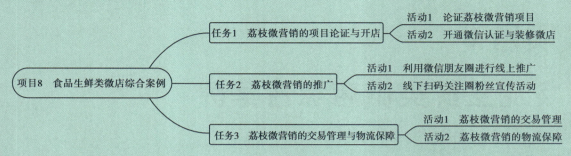

任务 1 》》》》》》》
荔枝微营销的项目论证与开店

情境设计

　　目前线下市场、超市均有荔枝出售,由于品种及产地因素的不同,零售价格参差不齐。作为项目负责人,"喜哥哥"应该做好充分的市场调查,商品定位及价格。经过深思熟虑,团队决定走高端路线,只卖口感最好的,并且要有"故事"的荔枝,走最快最稳妥的快递。那么,且看看喜哥哥是如何策划与开展工作的……

任务分解

　　本次任务分解为两个活动:①论证荔枝微营销项目;②开通微店认证和装修店铺。

活动 1　论证荔枝微营销项目

活动背景

　　项目组专程前往高州荔枝果园考察,收集了本项目论证的第一手信息。项目组对高州荔枝微营销项目的经济可行性,实施的可行性进行了分析,并对本项目进行了 SWOT 分析论证。最后,基于商业项目的角度,项目组提出了高州荔枝微营销活动的策划方案。

活动实施

　　本项目营销的第三个营销主题,"小慈善"是本项目的归因,一是本项目是学校师生在专业电商公司的专业团队带领下,参与其中的一个真实商业项目,学习是我们的首要任务;二是本项目为朋友圈呈上的极品桂味荔枝,1 箱荔枝商业盈利 2 元,并且要将这部分盈利捐赠给山区小学。

（1）项目的经济可行性

①整个项目结束后，为了回应当初项目营销策划时的"小慈善"承诺，向粉丝们推送捐款活动的图文消息，感谢参与本项目活动的所有粉丝，如图 8.1.1 所示。

图 8.1.1　向粉丝推送捐款活动的图文消息

②通过与当地荔枝协会会长与当地果农建立起来的合作关系，并签订相关合作协议。这样，一是可以保证供货的质量与数量；二是可以保证产品的价格控制，为日后的产品销售定价提供依据。

③准备与顺丰物流公司驻当地的分公司签订物流合作协议。这样，一是保证产品的保鲜；二是确定物流成本，同时也为产品日后的销售定价提供依据。

④荔枝产品的营销定价(每箱 5 斤包装)＝果场出货价格＋物流成本＋项目营运成本＋2 元慈善捐款。

（2）项目的 SWOT 分析

SWOT 分析法是用来确定企业自身的竞争优势、竞争劣势、机会和威胁，从而将公司的战略与公司内部资源、外部环境有机地结合起来的一种科学的分析方法。本项目的 SWOT 分析模型图，见表 8.1.1。

表 8.1.1　荔枝微营销项目的 SWOT 分析

	内部因素	
	优势（Strengths）	劣势（Weaknesses）
外部因素	①本项目作为校企合作项目，拥有公众的信任，项目运营具有人力成本的优势； ②项目策划的 3 个营销主题，具有吸引力； ③高州的桂味荔枝产品具有市场竞争优势。	①第一次尝试微营销项目； ②荔枝采摘时的天气与项目营销时间短的矛盾； ③荔枝的保鲜问题。

续表

机会（Opportunities）	SO	WO
①通过本项目，可以锻炼师生的实战能力，推进产教融合的深度； ②通过本项目的实施，可以圈粉，为日后的项目开展增加营销对象群体； ③对学校电子商务的专业建设提供商业案例。	①本项目分成线上与线下两条渠道进行营销； ②突出营销主题，可以利用北京七厘米科技有限公司出品的"初页"App制作的专题片头制作； ③在包装箱上增加"唐味盛宴"不干胶，利用不干胶圈粉。	①成立项目执行组，负责处理突发事件； ②物流环节需要选择顺丰快递的"空运+冰块+硬盒包装"的高端物流方式； ③采摘荔枝时不能在下雨时采摘装箱，荔枝必须在太阳出来前采摘，分拣和装箱。
风险（Threats）	ST	WT
①荔枝果场采摘与物流环节出现突发事件，无法保证粉丝舌尖上尝到新鲜的荔枝； ②微信公众平台的后台物流模块、客服模块和订购模块功能，尚不及其他成熟电商平台； ③项目组工作人员的突发事件应对能力。	①学校举办荔枝文化节，扩大师生对荔枝文化和微营销的了解； ②举办品荔枝.学校电子商务专业建设联谊会，争取政府、企业、校友等社会各方的支持与参与； ③发动全校师生在自己的微信朋友圈中转发与宣传本微营销项目，扩大营销范围。	①由企业负责微信公众平台上物流模块的设置，并确保物流配送准确无误； ②强化果场采摘与物流配送环节的指导； ③对销售过程中，出现粉丝收到荔枝不新鲜的情况时，了解情况属实后，可以立即重新发货。

活动评价

微营销活动策划方案，既是对前期项目实地考察的总结，也是对后期项目开展的规划。这是回答项目是否立项开展和怎样开展的关键环节。

活动2　开通微信认证与装修微店

活动背景

在美工设计部设计图纸之前，项目经理、推广主管、美工主管也进行了意见交流，最终一致认为运用"美""色"诱惑，"美"是图纸一定要美观、大方、高档；"色"是一定要重点呈现荔枝的外表的鲜红色泽、肉质的圆润嫩白，再加上简单的文字辅助说明，文字不宜过多，一目了然则行。

活动实施

（1）注册完本项目的微店后，可以通过微店官方网页进入后台进行设置，如图8.1.2所示。也可以通过手机"微店店长版"App进入微店后台进行操作，如图8.1.3所示。

（2）店铺整体设计，文字导航美观，便于顾客查找自己想要的商品，如图8.1.4所示。

图 8.1.2　微店官网

图 8.1.3　微店店长版

图 8.1.4　微店装修页面

（3）图纸的设计。

①Logo，采用团队设计高州荔枝 Logo，有利于品牌的宣传，如图 8.1.5 所示。

②主图，凸显荔枝（放大处理），呈现荔枝的鲜红色泽、圆润嫩白，文字说明精简，一目了然即可，如图 8.1.6 所示。

图 8.1.5　高州荔枝 Logo

图 8.1.6　荔枝主图

③详情图，尽可能地简单，要把卖点呈现出来，却不能长篇大论，抓住自身产品的特点和优点，例如高州桂味的特点是高州特有的得天独厚的地理环境，远离城市污染的有机新鲜水果，详情图呈现"不将就"的主题，如图 8.1.7 所示。

图 8.1.7　详情页面组图

（4）进入微店，单击"分类管理"，然后单击"添加分类"，输入分类名称后按确定，如图 8.1.8 所示。

图 8.1.8　添加商品分类

（5）单击"商品管理"，找到"添加商品"，如图 8.1.9 所示。单击进入添加商品页面，完成商品基础信息填写，如图 8.1.10 所示。

图 8.1.9　添加商品页面

（6）进入微店，单击"分销商品管理"，对商品进行分销管理，如图 8.1.11 所示。

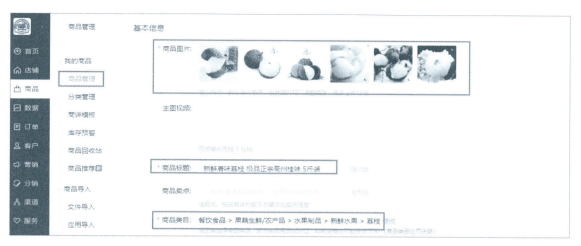

图 8.1.10　添加商品基础信息

图 8.1.11　分销商品管理

活动评价

微店的开通与装修,需要项目组的文案、美工及运营人员通力配合,才能制作出满足本项目营销策划的要求,这项工作可以培养项目组成员的协作精神和精益求精的工作作风。对于生鲜水果类产品的微店装修,其色彩宜于采用鲜艳的色彩,特别是要呼应荔枝鲜红的这一色彩特征。

合作实训

1.活动准备

小组调查当地水果或食品特产,搜集案例资源。

2.实训任务

①推出一个关于本地水果或特产食品类的微营销项目的项目考察与项目论证方案。

②请同学们根据任务 2 的实操步骤,将本地水果或特产食品申请并装修一个微店。

3.注意事项

申请注册和认证所需的资质与材料,请根据实际情况准备并提交给微信公众平台。

任务 2 ▶▶▶▶▶▶▶
荔枝微营销的推广

情境设计

项目经理在许总的指导下,组织大伙整理公众号推送消息,美工主管迅速组织设计部成员,编辑图文消息。最后由推广部利用微信公众平台,线下设点扫码关注送礼吸收粉丝,分享到朋友圈、互相转发进行推广。

任务分解

本次任务主要分解为两个活动:①利用微信朋友圈进行线上推广;②线下扫码关注圈粉丝宣传活动。

活动 1 利用微信朋友圈进行线上推广

活动背景

作为校企合作项目,推广部拟定了量身定做的荔枝微营销推广方法,即先把朋友圈壮大起来,把历届的校友组织起来,把同学、朋友、学生形成宏大的朋友圈,然后把推送消息分享到朋友圈或朋友群。对于此次推广,重点做好微信公众号的圈粉宣传,做好微信公众号二维码的推广工作。

活动实施

(1)项目考察时期针对高州荔枝果园考察的微信朋友圈推广,如图 8.2.1 所示。

高州荔枝,唐朝太监高力士为讨好杨贵妃,千里迢迢快马加鞭,从广东高州进贡到西安。诗曰:一骑红尘妃子笑,无人知是荔枝来。学校电子商务校企合作一行6人,在荔枝结果的早期,深入占地300亩的荔枝园,探访了解白塘罂(图2)、桂味(图3)、妃子笑(图4)等三种荔枝品种的挂果初期实地。

唐朝贡园荔枝实地考察,探究当年贵妃笑纳的荔枝,原来土壤与众不同。高州荔枝有妃子笑、白塘罂、黑叶和桂味(也叫挂绿)。

图 8.2.1 考察荔枝果园时所发的微信

(2)微店推出后针对微店的微信朋友圈推广。

①微店推出后,旨在推广微店的二维码,介绍唐味·桂味荔枝盛宴微营销项目的背景,并指导朋友圈的粉丝如何订购我们的产品,如图 8.2.2 所示。

正式接受订购，订购解说：1、指纹识别进入，二维码识别添加"千年唐味高州荔枝"微信公众号，或者直接查找"千年唐味高州荔枝"加入公众号。2、可以直接下单购买，按照快递地址显示不同价格，可财付通以及绑定银行卡快捷支付。3、今年荔枝产量减半，极品更是少之又少，先订先得，按照下单顺序优先发货。摘果期大概在6月中旬。花最少的钱吃从来没有吃过的最好荔枝。come on！

高州贡园荔枝

图 8.2.2　推广微店的二维码所发的微信

②微店推出后，旨在推广微店的二维码，再一次地利用项目组专题制作的"寻唐味·不将就·小慈善"微信链接，进一步地推广本项目及其微店，如图 8.2.3 所示。手机端收到的项目营销主题微信，如图 8.2.4 所示。

寻唐味·不将就·小慈善

寻唐味·不将就·小慈善
2021-05-14 liaryshoping

Duang~，欢迎乘坐"多果号"航班，带你领略荔枝之乡——茂名高州的风情，开启我们追寻唐味的旅程。
高州环境，得天独厚万物生。气候温和，年气温23摄氏度，降雨量1893mm，无霜期361天；丘陵地带，土壤由混合岩、风化物和浅海沉积物及河流冲积物发育而成，特别适合荔枝生长。

图 8.2.3　推广项目营销主题所发的微信　　图 8.2.4　手机端收到的项目营销主题微信

③微店推出后，定期地推广微店的二维码，进一步地推广项目及其微店，如图 8.2.5 所示。

上等桂味荔枝(5斤装)，顺丰快递，即摘即送，校企合作的电商营销，零利润奉献，欢迎订购！

众筹，你出声，我搞掂。多果公号是一个专门为吃货们打造的平台。高州桂味与增城挂绿同属顶级的荔枝品种，你还要犹豫吗？赶紧下订吧，周六前下订，周日发货，东凤理工自提货77元一箱（5斤）。

寻唐味·不将就·小慈善

图 8.2.5　推广期推送到朋友圈的系列微信

（3）学校荔枝节期间针对各项活动的微信朋友圈推广。

①唐味荔枝播报，为即将到来的桂味荔枝营销预热，如图 8.2.6 所示。

唐味荔枝播报：今天初尝了高州寄来的白糖罂荔枝，口感清甜，味道比市场卖的味道好太多。可以想象六月中旬才结果的顶级桂味吃到爽！前期吃货们已经预订了上千斤，我们还在跟顺丰谈邮费，希望能把总价压下来，并返还给大家。六月初我们会再次推送预订。

各位亲，本周六上午在东凤各小区，小榄金菊等小区举办"扫二维码，送荔枝"活动哦，想免费品尝高州上等桂味荔枝吗？约定你！带上朋友，带上手机，快来！品极品荔枝

图 8.2.6　荔枝即将发货时推出的
预热营销微信

图 8.2.7　到各大小区进行推广
及推出的预告微信

②学校荔枝节期间，针对附近镇区各大住宅小区，举办"扫二维码，送荔枝"活动，在朋友圈推出微信，如图 8.2.7 所示。

③派驻到高州市荔枝果园的同事，将前方发回来的果园采摘图片，转发到朋友圈，如图8.2.8 所示。

荔枝的分拣
与包装

同事从果园发回的照片，明天外省地区订单的荔枝将于天不亮摘果，中午前顺丰发出。后天就可以大开吃戒了。还接受一天的外地预订，过了明天就等明年了。

校园荔枝节暨学校电子商务专业建设联谊会之学生演讲比赛。

图 8.2.8　播报在果园工作的情境
所发的微信

图 8.2.9　举办荔枝文化节之
学生演讲比赛所发的微信

（4）学校荔枝节期间举行了以荔枝文化为主题的学生演讲比赛，如图 8.2.9 所示。

（5）深夜，运送荔枝的大巴到达学校，师生们搬运货物。师生们品尝学校赠送全校各班级、各学科组的荔枝。有的班级的同学还兴致勃勃地弹起了吉他、唱起了歌，如图 8.2.10 所示。

虽身不在学校，但要为校企合作、产教融合项目----高州荔枝微营销项目之校园荔枝节活动点赞！按照传统的职业教育教书，可在象牙塔内很悠哉；但按照产教融合的职教模式教书，就要亲自参与真实的与社会零距离的商业项目，那么我们的教书就有太多的艰辛与挑战。

深夜两点到了最后一批荔枝，赶上了今天的校园荔枝节活动。与中山市的领导们和企业领导们进行了电商探讨，大家希望"多果"能成为东凤区的一个品牌，任重而道远。回家，阳光灿烂，照进了心里。

图 8.2.10　举办荔枝文化系列活动所发的微信

（6）学校荔枝节期间，还举办了学校电子商务专业建设联谊会。邀请了市教育局、当地镇政府相关部门和校企合作企业的领导和嘉宾出席，就电子商务专业产教融合的教学模式，进行了研讨。

活动评价

通过这一组微信,贯穿整个项目的活动过程,及时地与朋友圈的粉丝们进行沟通和交流,或传达活动进展的信息,或反馈果园采摘发货的,或回复粉丝收货后的疑惑等,很好地达到了在朋友圈内的线上推广的效果。

活动 2　线下扫码关注圈粉丝宣传活动

活动背景

> 微信营销除了进行线上推广外,项目组考虑还可以充分地利用我们自身的优势,将学校、社区、政府和校企合作的企业等身边的资源加以开发。举办荔枝节扫码关注公众号宣传活动进行圈粉,将荔枝节的各项活动辐射到周边的社区、企业。

活动实施

1.荔枝文化节演讲比赛活动方案

开展以"荔枝文化"为主题的演讲比赛活动。现将有关事项通知如下:

(1)活动目的:通过演讲比赛活动,扩大影响范围,获得的粉丝就越多。

(2)活动主题:荔枝文化　电商发展　慈善公益。

评比标准:

演讲稿体裁不限,内容要紧紧围绕"荔枝文化 电商发展 慈善公益"的主题,要求主题突出,思想新颖,观点鲜明,内容真实,感情真挚,格调高尚。介绍电商行业的发展带来了无限的机遇和挑战。题目自拟,字数 600 字以内,演讲时间不超过 3 分钟。

2.品荔枝校内推广微信号活动

(1)时间:6 月 16 日下午。

(2)程序:

①品尝荔枝。

②介绍"千年唐味高州荔枝"公众号。

③转发介绍唐味荔枝的典型案例到微信朋友圈里,扩大影响。

3.品荔枝畅谈学校电子商务专业建设联谊会

(1)品尝荔枝。

(2)介绍本次高州唐味荔枝微营销活动。

(3)介绍"千年唐味高州荔枝"公众号平台,并圈粉。

(4)学习怎样使用"千年唐味高州荔枝"公众号平台订购荔枝。

(5)介绍学校关于电子商务专业建设的情况及发展的思路。

4.品荔枝校外推广"千年唐味高州荔枝"微信号活动

(1)时间:6 月 12 至 13 日。

(2)地点:各生活小区。

(3)具体人员安排。

推广时间:下午 5 点 30 分;周六上午 8 点 30 分到各小区

提货时间:周日各小区,推广组送货各小区(见图 8.2.11)

图 8.2.11　社区扫码活动现场

（4）程序：

①联系小区物业公司；搭设宣传推广台，摆放 X 展架和宣传单。

②品尝荔枝。

③介绍"千年唐味高州荔枝"公众号平台，并圈粉。

④学习怎样使用"千年唐味高州荔枝"公众号平台订购荔枝。

5.宣传材料设计包括荔枝节海报、X 展架、邀请函、介绍函、宣传单、微信订购使用说明书

（1）荔枝节海报，如图 8.2.12 所示。

图 8.2.12　举办荔枝文化节活动的海报

图 8.2.13　举办荔枝
文化节活动的 X 展架

（2）荔枝节 X 展架，如图 8.2.13 所示。

（3）电子商务专业建设联谊会的邀请函。

尊敬的_____

　　为加快我校电子商务专业的建设与发展，提高学生的实际操作能力，我校与多果电商合作，进行高州桂味荔枝的网上微营销。为扩大本次活动的社会影响力，我校拟于 2021 年 6 月 16 日上午 10：00 在本校举行荔枝节暨学校电子商务专业建设联谊会的宣传活动。

敬请光临！

主办单位

2021 年 6 月 10 日

（4）赴周边住宅小区进行荔枝节推广的商洽函。

_____物业管理处：

为顺应时代发展,我校电子商务专业与多果电商合作,举办了"寻唐味不将就小慈善"义卖高州桂味荔枝活动。为提高学生的社会实践能力,扩大活动的社会影响力,我校拟于_____在贵小区进行宣传活动。

恳请大力支持我校电子商务专业的建设和发展。妥否,盼复。

主办单位

2021 年 6 月 10 日

（5）荔枝节活动的宣传单。

寻唐味·不将就·小慈善

智渊职业技术学院　多果电商

智渊职业技术学院为专业发展,为学生能贴身体验电商,特别策划"荔枝文化节"义卖活动。每销售一箱荔枝将捐赠 2 元给山区教育。亲,给你 5 大理由,你愿意和我们一起吗?

1.茂名高州,荔枝之乡,得天独厚的地理环境。深山荔林,远离污染,原生态种植,纯天然佳果。

2.高州桂味,荔枝中的"白富美"。桂味以肉质爽脆、清甜微香,核小肉厚,有桂花风味而闻名。我们的宗旨是优中选优,不将就。

3.唐朝 DNA 的荔枝。是从唐朝古荔进行环切移植传承下来,具有唐朝"血统"的荔枝树。

4.荔枝纯成本+邮费+2 元,是我们的价格体系。

5.早上采摘,挑拣极品,中午产地直发,保证最佳新鲜度。

扫一扫二维码可关注微信公众号

感谢您对山区教育的爱心捐赠

活动评价

经过大家的努力,本次荔枝节扫码关注公众号圈粉活动圆满完成任务,本次活动增加了 300 多粉丝数。

合作实训

1.活动准备

小组搜索当地的水果或特产食品,选择其中一款,了解产品详细资料。

2.实训任务

请同学们根据拟订的当地水果或特产食品项目,制订一份完整的线上线下营销推广的方案。

3.注意事项

线上推广方式以微信朋友圈为主,线下推广方式以当地的学校、社区、企事业单位推广为主。

任务 3 >>>>>>>
荔枝微营销的交易管理与物流保障

情境设计

进入销售环节,项目组核心成员再次聚集一起讨论,主要是关于销售过程中的订单管理、荔枝采摘与物流配送环节。项目经理分配了采摘组、后台管理组、客服组和物流配送组,要求各组紧密协作,确保荔枝采摘的品种质量高,物流配送要确保荔枝的新鲜,后台管理与客服要保证粉丝们的订单统计清晰无误。

任务分解

本次任务分解为两个活动:①荔枝微营销的交易管理;②开通微店认证和装修店铺。

活动 1　荔枝微营销的交易管理

活动背景

快到采摘期订单一下多了起来,客服从微店后台导出订单,按收货地址进行分类,并分批发货,每天发货 80 箱,这样可以确保有充足的时间来采摘、挑拣、打包荔枝。

活动实施

(1)微店后台导出订单。进入微店,单击"订单管理"。在弹出的如图 8.3.1 页面中单击"下载表格",如图 8.3.2 所示,另存为"order.xls"。打开"order.xls"表格,如图 8.3.3 所示。

图 8.3.1　在微店下载订单的 Excel 表格

小提示

线下交易的订单,按照微信公众平台导出的表格格式,统计线下推广组收到订单,生成 Excel 表格。由项目组的物流配送组负责与物流公司沟通与实时核对。

图 8.3.2　保存订单的 Excel 表格

F	G	H	I	J	K	L	M	N	O
77	1	77	0	77	jack_win(*￣ω￣*) 荣哥仔	是	袁□□	13631□□□□	广东省中山市古镇南方绿博园名电广场……
77	1	77	51	128	静野	是	秦□	13705□□□□□	陕西省西安市太白南路2号　西安电子科技大学社
77	1	77	51	128	舞剑兵	是	肖□□	15761□□□□	贵州省贵阳市西南国际商贸城一号楼四栋C区……
77	1	77	0	77	千年一遇	是	姚	18933□□□□	广东省中山市穗西工业区升平南路100号帮太公司
77	1	77	44	121	舞剑兵	是	肖□□	13976□□□	海南省海口市博爱南楼……
77	5	385	255	640	静野	是	于□□	18729□□□□	陕西省西安市太白南路2号　西安电子科技大学马
77	40	3080	0	3080	快刀	是	谢□□□（章老师学生）	13925□□□□	广东省中山市东凤□□
77	1	77	44	121	舞剑兵	是	陈□□	13136□□	海南省海口市博爱南横路红龙尚□□
77	1	77	51	128	静野	是	姬□□	13892□□	陕西省西安市太白南□□　西安电子科技大学□□
77	1	77	51	128	舞剑兵	是	类□□	15268□□□□	河南省郑州市世贸商城二期四楼……
77	1	77	51	128	静野	是	泉□	13809□□□□	陕西省西安市太□□　西安电子科技大学家属院□□
77	1	77	51	128	舞剑兵	是	周□□	15936□□□□	河南省许昌市鲜东来生活……
77	1	77	51	128	舞剑兵	是	王□□□	158376□□□	河南省信阳市鸡公山大街丽世华章园□□
77	1	77	51	128	舞剑兵	是	杨□□	13903□□□	河南省南阳市人民路和嘉新路交叉口□店……

图 8.3.3　订单的 Excel 表格

（2）查看订单详情。进入微店后台，单击"订单管理"，如图 8.3.4 所示，单击"订单详情"，如图 8.3.5 所示，可以查看到对应订单的详细情况。

图 8.3.4　查看订单

商品信息　　　　　　　　　　　　　　　　3

商品名称　**新鲜唐味荔枝 极品正宗高州桂味 5斤装**

商品单价　￥77.00

购买数量　3

商品运费　￥0.00

实收金额　￥231.00

图 8.3.5　查看订单详情页面

□ 知识链接

微店平台的订单管理后台相对来说,是很简单的,只是一些基本功能,包括下载 Excel 格式订单表格,查看单个订单详情,还可以查看待发货、已发货、维权中和维权完成的订单。

活动评价

订单的管理要本着对每一位粉丝负责的工作态度,做到精益求精,细致耐心,并且要与物流配送组的成员保持清晰顺畅的沟通。

活动2　荔枝微营销的物流保障

活动背景

本次荔枝微营销项目的物流保障,事关本次荔枝微营销项目的营销文案中的承诺,即从枝头到舌尖过程的保鲜。荔枝是一种对保鲜要求极高的水果,项目组选择了顺丰快递的"空运+冰块+硬盒包装"的高端物流。

活动实施

(1)运费模板管理。进入微店,单击"运费模板管理",可以设置好运费模板,以便于粉丝订购时自动生成不同区域的物流费用,如图 8.3.6 所示。

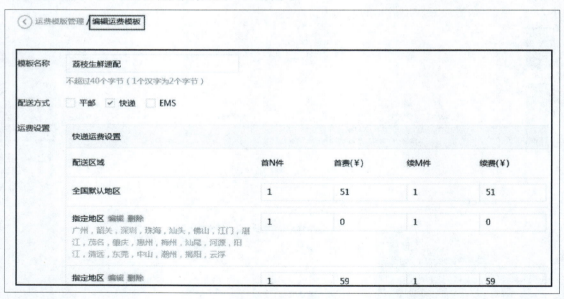

图 8.3.6　设置运费模板

(2)项目组选择了顺丰快递的"空运+冰块+硬盒包装"的高端物流,并且在顺丰提供的包装箱上加贴本项目专用的不干胶(见图 8.3.7)。不干胶上印刷有产品的相关宣传与微信公众号的二维码,以达到充分利用物流环节做好推广宣传工作。

图 8.3.7　包装箱上粘贴的
　　　　宣传微信二维码的
　　　　不干胶印刷设计图

荔枝的各种
包装礼盒

图 8.3.8　粉丝收货时所收到的
　　　　包装箱实物图

（3）本项目的物流配送组负责将线上订单，如前面图 8.3.3 所示，与线下的所有订单（与线上订单的标题栏内容一致），按时间先后顺序排列，交由顺丰物流公司生成物流订单号，并打印好订单号标签，该标签一式三份，其中一份粘贴到包装箱上，如图 8.3.8 所示。

（4）物流配送组与采摘组一同进驻高州市，与当地的顺丰物流公司、果园紧密联系，确保采摘、装箱、托运环节的高效与品质保证。其中采摘环节注意保证采摘荔枝时不能在下雨时采摘装箱，荔枝必须在太阳出来前采摘；装箱环节注意保证分拣出劣质的荔枝，足秤，加冰块封箱；托运环节注意保证物流时间控制在尽可能最短的时间内到达空运的机场，如图 8.3.9—图 8.3.12 所示。

图 8.3.9　果园分拣荔枝场景图

图 8.3.10　果园分拣荔枝到篮子里的实景图

图 8.3.11　果园里打秤并包装的实景图

图 8.3.12　准备封箱的荔枝实景图

活动评价

物流配送与采摘环节紧密相扣,是为了确保粉丝收货时的愉悦,保证经得起粉丝们舌尖的挑剔。物流组成员要确认果园的供应量与供应的荔枝品质。另外,采摘组的成员要充分地了解荔枝的水果特性,如荔枝不能在下雨时采摘装箱,荔枝必须在太阳出来前采摘,分拣和足秤装箱。

合作实训

1.活动准备

小组根据选定的产品,分析产品运输及保存的特点和注意事项。

2.实训任务

请同学们根据拟订的当地水果或特产食品,分工拟出一份订单清单和物流保障方案。

3.注意事项

重点根据当地水果或特产食品的特性,拟出物流保鲜与配送的方案,突出保障客户收货的满意度。

项目总结

唐味盛宴·桂味荔枝微营销项目是一个实战的商业项目,通过 3 个分解的任务及其子活动,可以让大家体验到微营销项目的真实工作情境、真实工作过程和真实工作压力,也可以让大家认识并学习到微营销综合案例的从项目考察、论证、微信公众号申请、微信认证、微信支付开通、微店装修与商品发布、营销推广、交易管理到物流保障等一系列工作。这个项目的学习,可以让同学们参照此项目实战开展新鲜水果或特产食品类的产品的微营销项目,也可以从中体会到电子商务实战项目的团队协作精神与精益求精的工作作风。

项目检测

1.单项选择题

(1)生鲜水果类产品的项目考察可以不考虑的有(　　　)。

A.水果的保鲜特点 　　　　　　　B.水果的采摘特点

C.水果的产地的风土人情 　　　　D.果园的位置

（2）生鲜水果类产品的项目论证可以不考虑的有（　　　）。

    A.项目的宣传图　　　　　　　　　　B.项目经济可行性

    C.项目实施可行性　　　　　　　　　　D.项目的 SWOT 分析

（3）荔枝微店的图纸设计，不包括（　　　）。

    A.Logo　　　　　　　B.主图　　　　　　　C.详情图　　　　　　　D.焦点图

（4）微信公众平台不具备的功能有（　　　）。

    A.定义菜单　　　　　　　　　　　　B.推送图文消息

    C.开通客服工号　　　　　　　　　　D.查看订单的物流状态

（5）生鲜水果类产品的项目营销，可以不关注的有（　　　）。

    A.与果园签订协议　　　　　　　　　B.与物流公司签订协议

    C.与粉丝签订协议　　　　　　　　　D.与电子商务公司签订协议

2.多项选择题

（1）荔枝的采摘环节非常重要，不可在（　　　）环境下从果树上采摘荔枝装箱托运。

    A.中午太阳暴晒时　　　　　　　　　B.雨季下雨时

    C.清晨太阳升起前　　　　　　　　　D.阴天有风时

（2）项目的 SWOT 分析法是用来确定企业自身的（　　　）从而将公司的战略与公司内部资源，外部环境有机结合起来的一种科学的分析方法。

    A.添加商品　　　　　　　　　　　　B.商品管理

    C.订单管理　　　　　　　　　　　　D.货架管理

（3）微店撰写标题时要注意标题的相关性、适用性和规范性，关于标题的适用性说法正确的是（　　　）。

    A.适用于当前店铺基础　　　　　　　B.适用于买家

    C.适用于搜索引擎　　　　　　　　　D.适用于店铺未来发展

（4）微店推广的方法有许多，包括有（　　　）等。

    A.二维码扫描　　　　　　　　　　　B.微信消息推送

    C.微信语音　　　　　　　　　　　　D.漂流瓶

（5）唐味盛宴·广东高州桂味荔枝微营销项目，是一个实战的商业项目，通过 3 个分解的任务及其子活动，可以让大家体验到微营销项目的（　　　）。

    A.真实工作情境　　　　　　　　　　B.真实工作过程

    C.真实工作压力　　　　　　　　　　D.团结协作与精益求精的工作作风

3.简述题

（1）简要谈谈广东高州桂味荔枝微营销项目，作为一个实战的商业项目可以让我们从中学习到哪些东西？

（2）生鲜水果类产品的微营销的物流保障要注意哪些问题？

（3）简述荔枝的详情图如何设计才能展现其特点。

参考文献

［1］ 彭雨冰.论微商的定义和现状［J］.智富时代,2014(12):29.
［2］ 黄潇.谈移动电子商务与传统电子商务的区别［J］.福建电脑,2010(9):25,44.